MANUEL

DE

L'ADMINISTRATION INTÉRIEURE

DES

Compagnies, Escadrons, Batteries et Détachements
des Corps de Troupes de toutes Armes.

MANUEL

DE

L'ADMINISTRATION INTÉRIEURE

DES

COMPAGNIES, ESCADRONS, BATTERIES

ET

DÉTACHEMENTS DES CORPS DE TROUPES DE TOUTES ARMES

OU

RECUEIL

De toutes les dispositions législatives et réglementaires en vigueur au 1er avril 1853, qui intéressent particulièrement MM. les Commandants de corps, les Officiers qui ne sont pas comptables, et tous les Sous-Officiers et Soldats.

Par MM. GONVOT et BLOT.

TOME SECOND.

PARIS
LIBRAIRIE MILITAIRE DE BLOT,

Quai de la Grève, 58, près de l'Hôtel-de-Ville.

1853.

Paris.—Imprimerie de BEAULÉ et C°, rue Jacques de Brosse, 10.

TABLEAU SYNOPTIQUE DES MATIÈRES

CONTENUES DANS LE 2ᵉ VOLUME.

—

LIVRE Iᵉʳ

——

Subsistances, Fourrages, Chauffage et Eclairage, Loge-
ment et Casernement, et Lits militaires.

LIVRE II.

LIVRE III.

Extrait du réglement du 2 février 1845 sur l'Armement des corps de troupe, suivi du Tarif général des réparations. — Extrait du réglement du 11 juin 1811 sur les Magasins généraux de l'habillement et du campement.

FIN DU TOME SECOND.

MANUEL ADMINISTRATIF.

Livre Ier.

SUBSISTANCES, FOURRAGES, CHAUFFAGE ET ÉCLAIRAGE, LOGEMENT ET CASERNEMENT, ET LITS MILITAIRES.

TITRE Ier. — *Des Subsistances et du Chauffage.*

SECTION Ire. — DU PAIN.

Le pain de munition est dû, sur le pied, de paix à raison d'une ration par homme et par jour, à tous les sous-officiers, caporaux ou brigadiers, soldats et enfants de troupe des corps de toutes armes, tant en station qu'en route, lorsqu'ils marchent en corps ou en détachement (Ordonnance du 25 déc. 1837, art. 276).

Le pain de munition est dû, sur le pied de guerre, aux officiers, caporaux ou brigadiers et soldats, ainsi qu'aux employés militaires.

Le nombre de rations attribuées à chaque grade ou emploi est réglé par le tarif.

Sur le pied de guerre, le pain est dû à tout militaire détenu ; sur le pied de paix, il n'est dû, dans le même cas, qu'aux sous-officiers, caporaux ou brigadiers et soldats (278).

Le pain n'est point dû aux hommes en congé, en semestre, en permission, à l'hôpital ou marchant isolément, ni aux garnissaires. Il n'est pas dû non plus, en temps de guerre, aux militaires nourris chez l'habitant.

Composition de la ration du pain.

La ration de pain due à la troupe est fixée par le réglement des subsistances à 7 hectogrammes et demi (281).

SECTION II. — *Des vivres de campagne.*

Sur le pied de guerre, les vivres de campagne sont dus, dans la position de présence, aux officiers et employés militaires, aux sous-officiers, caporaux ou brigadiers et soldats de toutes armes, suivant les règles prescrites pour l'allocation de la solde de guerre. Les militaires détenus y ont également droit.

Le nombre de rations distribuées à chaque grade est fixé, savoir :

1° Pour les capitaines de toutes armes, les lieutenants et sous-lieutenants de l'artillerie et du génie et des compagnies d'ouvriers, *à deux rations :*

2° Pour les lieutenants et sous-lieutenants d'infanterie et des bataillons d'ouvriers d'administration, *à une ration et demie* (282).

Sur le pied de paix, les vivres de campagne peuvent être accordés éventuellement, en vertu de décision spéciale du ministre de la guerre, aux sous-officiers, caporaux ou brigadiers et soldats tenant garnison dans les forts ou îles en mer. Dans ce cas, la troupe n'a droit qu'à la solde avec vivres de campagne (283).

La fourniture des vivres de campagne accordés dans l'intérieur du royaume, en vertu de l'article précédent, peut être remplacée par une indemnité en deniers représentative de la ration. Cette substitution n'a lieu que lorsqu'elle est autorisée par une décision spéciale du ministre de la guerre (284).

Composition de la ration.

Chaque ration de vivres de campagne se compose de *pain, riz* ou *légumes secs, sel, viande* et *chauffage.*

La ration de vivres de campagne doit être composée de *trois décagrammes de riz.*

Six décagrammes de légumes secs, qui se composent indifféremment de *pois, haricots, fèves* et *lentilles,* donnés alternativement par distribution ou en remplacement l'un de l'autre.

Un soixantième de kilogramme de sel.

Deux hectogrammes et demi de viande fraîche et de bœuf salé, ou *deux hectogrammes de lard salé.*

Lorsqu'il est nécessaire, à raison des circonstances ou des localités, de la pénurie des denrées, ou de la santé des hommes, il peut être substitué d'autres denrées à celles portées ci-dessus. Ces substitutions sont toujours annoncées par la voie de l'ordre, qui indique la nature et la composition de la ration substituée.

Le ministre de la guerre peut seul accorder une augmentation de supplément aux rations de vivres de campagne ou liquides.

SECTION 3. — *Des Liquides.*

Le droit aux rations de liquide est acquis aux hommes de troupes présents sous les armes, lorsque des décisions du ministre de la guerre ou des ordres des généraux en chef commandant les armées en ont prescrit la distribution.

Dans les divisions territoriales, les lieutenants-généraux commandant, peuvent, en cas d'urgence autoriser des distributions de liquides, sous la condition d'en rendre compte sans délai au ministre de la guerre (285).

A l'époque de la revue annuelle d'inspection d'un corps de troupe, l'inspecteur-général autorise la distribution extraordinaire d'une ration *de vin* ou *d'eau-de-vie* par homme aux sous-officiers, caporaux ou brigadiers et soldats présents à la revue d'honneur. Cette allocation ne peut avoir lieu qu'une fois seulement pour la même inspection (286).

Sur le pied de paix, les distributions extraordinaires de liquides accordées aux troupes peuvent, d'après l'ordre du ministre de la guerre, être remplacées par des indemnités individuelles en argent au taux fixé par les tarifs du 6 mai 1851, pages 385 et 387, par suite des décisions des 7 janvier et 24 avril 1851 (1, 51, 13 et 863).

Les enfants de troupe, à l'exception de ceux qui ont accompli leur quatorzième année, ne participent point à ces distributions extraordinaires (287).

N'y ont pas droit non plus les hommes qui sont aux salles de convalescents (1, 46, 164).

Chaque année, pendant la saison des chaleurs, les troupes en station dans l'intérieur reçoivent des distributions journalières d'eau-de-vie, pour assainir l'eau qu'elles boivent. Cette prestation est due pour chaque sous-officier, caporal ou brigadier, soldat ou enfant de troupe présent au corps. Les militaires détenus y ont également droit.

Les distributions de liquides mentionnées à l'article précédent sont autorisées par les lieutenants-généraux commandant les divisions militaires (289).

Il est pourvu aux distributions d'eau-de-vie accordées aux troupes durant les chaleurs, par l'allocation d'une indemnité représentative dont la quotité est déterminée selon les localités par le tarif.

Elles peuvent néanmoins être faites en nature, s'il existe dans les magasins de l'Etat des approvisionnements dont il soit convenable de prescrire la consommation immédiate (290) (1).

Les rations de liquides distribuées aux troupes se composent de : *demi-litre de vin*, — *demi-litre de bière*, — *demi-litre de cidre et un seizième de litre d'eau-de-vie.*

CHAPITRE II. — DES FOURRAGES.

Les corps de troupe à cheval, ainsi que les officiers de tous grades autorisés à avoir des chevaux, et qui ne reçoivent pas l'indemnité représentative de fourrages, ont droit, dans toutes les positions, à des rations de fourrages, dont la composition propre à chaque armée est déterminée, suivant le tarif du 24 août 1848, rapporté ci-après.

---

(1) Une décision ministérielle du 20 novembre 1851, statue qu'il ne sera plus distribué d'eau-de-vie des magasins de l'Etat (2, 51, 338).

Tarif de la composition des rations de fourrages (décision du 24 août 1848).

DÉSIGNATION des parties prenantes.	SUR LE PIED de paix et de rassemblement			SUR LE PIED de guerre.			EN ROUTE (1).			SUPPLÉMENT d'avoine en cas de marche militaire (2).	Vert.	Paille pour litière.
	Foin.	Paille.	Avoine	Foin.	Paille.	Avoine	Foin.	Paille.	Avoine			
Carabiniers.	5 »	5 »	4 20	7 »	4 »	4 60	5 50	» »	5 60	» 40	50 »	2 50
Cuirassiers, train d'artillerie, du génie et des équipages militaires.	5 »	5 »	3 80	7 »	4 »	4 20	5 50	» »	5 20	» 40	50 »	2 50
Artillerie, chevaux de selle et de trait des régiments d'artillerie et des officiers du train.	5 »	5 »	3 60	7 »	4 »	4 20	5 50	» »	5 20	» 60	50 »	2 50
Cavalerie de ligne	4 »	5 »	3 40	6 »	4 »	3 80	4 50	» »	4 80	» 40	45 »	2 50
Cavalerie légère.	4 »	5 »	3 »	5 »	4 »	3 80	4 50	» »	4 80	» 80	40 »	2 50
Chevaux des officiers d'infanterie et du génie	4 »	5 »	3 »	5 »	4 »	3 80	4 50	» »	4 80	» 80	40 »	2 50
Mulets quelque soit l'arme à laquelle ils sont attachés.	4 »	5 »	3 »	5 »	4 »	3 80	4 50	» »	4 80	» 80	40 »	2 50

(1) L'officier qui précède le corps pour faire le logement aura le droit, pour tout ou partie de l'effectif, suivant les circonstances, de réclamer le remplacement de 1 kil. d'avoine au plus par chaque ration, par 4 kil. de paille.

(2) Ce supplément est accordé dans les cas prévus par les art. 295 et 397 de l'ordonnance du 2 nov. 1855, sur le service intérieur des troupes à cheval et conformément aux dispositions de la décision du 6 février 1855, *Journal Militaire*, p. 72 (1er sem 1848, p. 114).

Supplément d'avoine pendant les marches militaires.

Les chevaux qui ont exécuté des marches militaires conformément à ce qui est prescrit par le 19ᵉ paragraphe de l'article 295 de l'ordonnance du 2 novembre 1833, reçoivent un supplément d'avoine égal à la différence de la ration de station à celle de route.

Ce supplément est accordé aux fractions de corps, mais seulement lorsqu'elles se composent d'un escadron constitué.

Le supplément d'avoine ne peut être attribué ou définitivement consenti qu'aux corps qui ont exécuté les marches militaires autorisées par l'article 295 de l'ordonnance précitée.

En ce qui concerne le même supplément alloué pour les jours qui précèdent la mise en route d'un corps, il n'est accordé qu'à ceux qui ont fait une marche de six jours au au moins (1ᵉʳ s. 35, p. 72 et 1ʳᵉ s. 34, p. 29).

Substitution de denrée à une autre.

Lorsqu'il y a lieu de substituer une denrée à une autre, conformément à ce que prescrit l'article 222 du réglement du 1ᵉʳ septembre 1827, on délivre :

En remplacement de foin, une quantité double de paille et *vice versá*.

L'avoine est remplacée :

1° Par une quantité double de foin et quadruple de paille et *vice versá ;*

2° Par du son à poids égal, ou par de la farine brute d'orge, à raison de 75 pour 100 du poids de l'avoine (2ᵉ s. 27, p. 299, et 1ᵉʳ s. 32, p. 203 et 537).

Les officiers d'artillerie passant d'un régiment à une position où ils ne sont plus tenus d'être montés, continuent, s'ils laissent leurs chevaux au régiment, d'avoir droit aux rations de fourrages pendant un mois, à compter du jour de leur départ. Toutefois, l'allocation des rations cesse du jour même où les chevaux n'existent plus au corps, s'ils n'y sont pas restés jusqu'à l'expiration du délai fixé, et sans qu'en aucun cas l'indemnité représentative puisse être substituée aux rations en nature (292).

Lorsqu'un corps de cavalerie est appelé à faire partie d'une armée active, le ministre de la guerre fixe l'époque à laquelle les officiers doivent être montés sur le pied de guerre.

Les fourrages leur sont alloués pour le nombre de chevaux attribués à cette position, à dater du jour où ils justifient en être pourvus (293).

Les fourrages sur le pied de guerre sont alloués aux corps de cavalerie à dater du lendemain de leur arrivée aux armées mises sur ce pied (294).

Les troupes à cheval rentrant d'une armée et qui sont mises sur le pied de paix, continuent à recevoir la ration de fourrages sur le pied de guerre pendant 15 jours à compter du lendemain de leur arrivée dans leur garnison ; les officiers reçoivent également pendant un mois, à dater de cette époque, les rations de fourrages pour les chevaux dont ils justifient être pourvus jusqu'à concurrence du nombre qui leur est attribué sur le pied de guerre (295).

Les officiers des corps de cavalerie allant en mission, en congé ou aux eaux, et ceux qui sont nommés membres d'un conseil de guerre séant hors du lieu de leur garnison, cessent, lorsqu'ils emmènent leurs chevaux avec eux, d'avoir droit aux rations de fourrages des magasins militaires à compter du jour de leur départ jusqu'au jour inclus de leur retour.

Ils ont cependant la faculté de renvoyer leurs chevaux au régiment avant d'y rentrer eux-mêmes, et dans ce cas les rations de fourrages sont dues à dater du lendemain de l'arrivée des chevaux (1).

Dans les mêmes positions, les officiers des établissements de remonte continuent d'avoir droit aux rations de fourrages pour les chevaux qu'ils ont laissés au dépôt (297).

Les officiers des corps de cavalerie remis en activité, ou passant d'un corps dans un autre, ne peuvent jouir des rations de fourrages attribuées à leur grade qu'à compter du lendemain de leur arrivée à destination. Elles ne sont pas dues en route dans l'intérieur du royaume à ceux qui voyagent isolément pour quelque cause que ce soit (298).

Les officiers promus sans changer de corps à un grade auquel est attribué un nombre de rations de fourrages supérieur à celui qu'ils recevaient auparavant, ont droit à ce nombre supérieur de rations, à compter du jour où leur est allouée la solde de leur nouveau grade, pourvu qu'ils aient le nombre de chevaux déterminé pour ce grade (299).

---

(1) Les officiers de cavalerie voyageant isolément pour objet de service ont la faculté d'opter entre la perception du fourrage en nature et l'allocation de l'indemnité (2, 50, 373).

L'officier de cavalerie mis en jugement ou temporairement détenu qui a laissé ses chevaux au corps, continue d'avoir droit aux rations de fourrages attribuées à son grade. S'il est ultérieurement rayé des contrôles du corps, ce droit cesse le jour où la radiation s'effectue (300).

Les officiers de cavalerie partant pour l'armée, peuvent, avec l'autorisation du commandant du corps, laisser au dépôt ceux de leurs chevaux que les vétérinaires jugent être hors d'état de faire la route. Ces chevaux ne peuvent toutefois, y rester plus de trois mois après le départ des officiers; et, s'ils sont rétablis avant l'expiration de ce temps, ils doivent leur être renvoyés avec le premier détachement qui se rend à l'armée (301).

Les rations de fourrages sur le pied de route sont alloués, à dater du jour du départ, jusqu'au jour inclus de leur arrivée à destination (302).

Les chevaux de remonte participent aux distributions de fourrages faites au corps, à compter du jour de leur arrivée (304).

Les chevaux abattus ou vendus cessent d'être compris dans les allocations de fourrages à compter du jour même de leur abattage ou de la remise qui en est faite au domaine.

Les chevaux morts à l'écurie, tués sur le champ de bataille, ou pris par l'ennemi, comptent pour les fourrages jusqu'au jour inclus de leur perte (305).

Les capitaines, lieutenants et sous-lieutenants d'infanterie, âgés de plus de cinquante ans, ont droit à une ration de fourrages pour un cheval, lorsqu'ils font partie d'une armée active et qu'ils justifient être montés (306).

Mise au vert des chevaux de cavalerie.

Le ministre de la guerre détermine chaque année, l'époque où les chevaux de cavalerie doivent être mis au vert; ils sont passés en revue à leur départ ou à leur retour par les maréchaux de camp assistés des sous-intendants militaires employés sur les lieux (303).

La ration de vert donnée à l'écurie doit être par jour de *cinquante kilogrammes* pour la cavalerie de réserve, chevaux d'artillerie et du train; *quarante-cinq kilogrammes* pour les chevaux de cavalerie de ligne, et *quarante kilogrammes* pour les chevaux de cavalerie légère. Il est en outre alloué pour toutes les armes indistinctement *deux kilo-*

grammes et demi de paille (**1**^{er} s. **43**, page **49**, et **1**^{er} s. **48**, page **114**).

Paille de couchage et de baraquement.

La paille de couchage se distribue à raison d'une botte de cinq kilogrammes par homme tous les quinze jours et à chaque changement de position, en paille longue ; ou de sept kilogrammes pour le même temps en paille courte.

Aux corps de garde sans lit de camp.
$\begin{cases} 1^{re} \text{ classe, } \textbf{20} \text{ bottes de 5 kilogr.} \\ 2^{e} \text{ classe, } \textbf{12} \qquad \text{idem.} \\ 3^{e} \text{ classe, } \textbf{6} \qquad \text{idem.} \end{cases}$

La paille de baraquement se distribue à raison de quarante bottes de cinq kilogrammes par régiment ou bataillon pour les abri-vents et la garde du camp (**2**^e sem. **1827**, page **299**).

CHAPITRE III. — DU CHAUFFAGE ET DE L'ÉCLAIRAGE.

Sur le pied de paix, les sous-officiers, caporaux ou brigadiers et soldats des corps, et les enfants de troupe, ont seuls droit aux rations de chauffage.

Elles ne peuvent être accordées, en temps de guerre, aux officiers, qu'en vertu d'une décision prise par le général commandant en chef, sur le rapport de l'intendant de l'armée (**307**).

Le service du chauffage des troupes comporte deux systèmes différents d'allocation; les rations collectives pour les corps mis en possession de fourneaux économiques et les rations individuelles (**308**).

Dans les localités où il existe des fourneaux économiques, les allocations collectives de combustibles se composent :

1° De rations dites de l'ordinaire, pour la cuisson des aliments;

2° De rations dites de compagnie, pour le chauffage des chambres (**309**).

La ration d'ordinaire est collective pour les caporaux ou brigadiers, tambours, trompettes, sapeurs, soldats et enfants de troupe. Elle est allouée aux corps en raison du nombre de marmites mises à leur disposition.

A l'arrivée d'un corps de troupe, ou d'une portion de corps dans une place où il existe des foyers économiques,

1.

le sous-intendant militaire détermine, de concert avec le commandant du génie et contradictoirement avec le major ou tout autre officier désigné par le conseil d'administration, le nombre de marmites à lui accorder d'après les dispositions réglementaires concernant cette partie du service. Cette opération est constatée par un procès-verbal que dresse le sous-intendant militaire.

Les mutations individuelles qui surviennent, tant en gains qu'en pertes, dans l'intérieur des compagnies, n'apportent aucun changement au nombre des marmites au service. Néanmoins il y a lieu à réduction lorsque, par le résultat balancé des mutations, les allocations supplémentaires qui auraient été accordées en raison de l'élévation de l'effectif cessent d'être en rapport avec les besoins actuels du service.

En cas de départ d'une ou plusieurs compagnies, le sous-intendant militaire réduit proportionnellement les droits du corps aux fournitures de combustibles, et fait opérer le retrait des marmites devenues inutiles.

Ce retrait est constaté par un nouveau procès-verbal

Dans les localités où il n'existe pas de foyers économiques, il est alloué, pour l'ordinaire, des rations individuelles d'après le nombre de journées de présence des sous-officiers, caporaux ou brigadiers, soldats et enfants de troupe (310).

Les chefs de corps sont autorisés à prélever sur la distribution générale des ordinaires, la quantité de combustible nécessaire pour les besoins de l'infirmerie régimentaire et des hommes mariés (311).

Les sous-officiers, brigadiers, élèves-fourriers, tambours-majors, maréchaux-des-logis-trompettes, caporaux-tambours, caporaux-sapeurs, brigadiers-trompettes et maîtres-ouvriers, ont droit à des rations individuelles qui sont allouées d'après le complet d'organisation du corps. Les musiciens-gagistes reçoivent les rations individuelles, mais seulement d'après leur effectif réel.

Lorsque des sous-officiers sont détachés isolément, ou que les compagnies auxquelles ils appartiennent reçoivent les rations individuelles, le nombre de ces sous-officiers est déduit du complet, à compter du jour où le changement de position s'effectue. Pareille déduction a lieu, à dater du jour du départ et pour le temps de la route, quand il s'agit d'une troupe mise en mouvement pour quelque cause que ce soit (312).

La ration destinée au chauffage des chambres est fixée par compagnie, escadron ou batterie, comprenant les sous-officiers, caporaux ou brigadiers , soldats et enfants de troupe.

Elle est due, quelque soit l'effectif, à chaque compagnie, escadron ou batterie faisant usage de fourneaux économiques.

Elle est également due aux compagnies, escadrons ou batteries qui n'ont point de fourneaux économiques, lorsque la troupe est pourvue de poêles pour le chauffage des chambres.

Il est alloué des rations spéciales pour le chauffage du petit état-major, des ateliers, de l'infirmerie et des hommes mariés. Lorsque à défaut de poêles, les troupes non pourvues de fourneaux économiques se chauffent à la cheminée, elles reçoivent, pour les journées de présence, des rations individuelles.

Ces rations sont pareillement allouées aux parties prenantes isolées, lorsqu'elles sont logées dans les casernes et aux compagnies ou détachements dont la force n'est que de 35 hommes et au-dessous (313).

Les troupes campées, baraquées ou logées en station chez l'habitant ont toujours droit à des rations individuelles. Cependant, elles ne sont dues aux sous-officiers, caporaux ou brigadiers et soldats logés chez l'habitant , qu'à compter de l'expiration du troisième jour de leur entrée dans la place ou le cantonnement y compris le jour de l'arrivée. (314).

Lorsque les troupes sont casernées le jour de leur arrivée dans une place, elles ont droit au chauffage à compter du même jour (315).

Les militaires employés comme garnissaires n'ont aucun droit au chauffage (316).

Lorsque les allocations de chauffage ont lieu selon le système des rations individuelles, les sous-officiers, les fourriers, les caporaux-tambours, les caporaux-sapeurs, les brigadiers-trompettes, les maîtres-ouvriers, les chefs de musique et les musiciens gagistes, reçoivent, pour le chauffage des chambres une ration double de celle du soldat. (317).

Les jeunes soldats réunis au chef-lieu de département pendant les opérations de la levée, n'ont droit à la fourniture du chauffage que lorsqu'ils sont casernés (318).

Le nombre et la composition des rations de chauffage,

soit collective, soit individuelle, ainsi que les variations qu'elles subissent , sont déterminées par l'instruction du 30 juin 1840 sur le service du chauffage dont les principales dispositions sont rapportées ci-après (Réglement du 1ᵉʳ septembre 1827) (319).

Cuisson des aliments.

Les fournitures destinées à la cuisson des aliments, qu'elles soient collectives ou individuelles, se désignent sous le titre de *rations de l'ordinaire*. Le taux est le même en été qu'en hiver.

Les fourneaux de cuisine en service dans les casernes, pour la cuisson des aliments, sont de trois espèces, savoir :

ceux d'ancien modèle, à une marmite ; à deux marmites ;

ceux dits *à la choumara*, à deux marmites accouplées.

Les marmites sont généralement d'une contenance de 65 à 75 litres ; mais il en existe de capacité supérieure jusqu'à 100 litres.

Le litre pris pour unité de contenance de la marmite, correspond aux besoins d'un homme ; le nombre d'hommes auquel une marmite peut suffire est donc égal au nombre de litres qu'elle contient. Cependant l'expérience a démontré que quelques hommes en plus (dix au maximum) n'empêcheraient pas de faire la soupe pour tous avec la même marmite, moyennant une addition à la ration collective de chauffage, de la ration individuelle d'ordinaire, pour les hommes excédant l'effectif correspondant de la contenance réglementaire de la marmite.

Ainsi, toute compagnie, escadron ou batterie en possession d'une marmite dont la capacité est inférieure de dix litres à son effectif en hommes comptant à l'ordinaire, peut recevoir la ration individuelle concurremment avec la ration collective de l'ordinaire. Toutefois, la perception de la ration individuelle n'est due qu'autant qu'il y a impossibilité de reverser *en entier* l'excédant en hommes sur un autre ordinaire du même corps, dont l'effectif des hommes comptant à l'ordinaire, se trouverait au-dessous de la contenance de la marmite dont cet ordinaire fait usage.

En principe, les ordinaires par compagnie, escadron ou batterie, ne doivent pas être morcelés. En conséquence, et sauf l'exception indiquée au paragraphe précédent, et les seuls cas résultant, soit de la capacité des marmites, soit de réductions importantes dans les effectifs ou autres causes extraordinaires, il est accordé aux troupes faisant usage de fourneaux économiques pour la cuisson de leurs salines, savoir :

Une marmite pour :

Chaque compagnie d'infanterie de ligne et légère;
Chaque peloton hors rang de cavalerie (1);
Chaque peloton hors rang d'artillerie (1);
Chaque compagnie du bataillon de pontonniers ;
Chaque compagnie hors rang du génie (1) ;

Deux marmites pour :

Chaque escadron de cavalerie;
Chaque batterie d'artillerie sur le pied de paix ou sur le demi-pied de guerre ;
Chaque compagnie de mineurs et de sapeurs du génie;
Chaque compagnie du train du génie sur le pied de guerre.

Trois marmites pour :

Chaque batterie d'artillerie sur le pied de guerre.

Il demeure entendu que, lorsque les corps auxquels il est alloué, en principe, *deux et trois marmites* par compagnie, escadron ou batterie, seront mis en possession de marmites d'une contenance telle que les hommes présents de la compagnie, de l'escadron ou de la batterie puissent être réunis en un ou deux ordinaires, il ne sera accordé qu'*une ou deux marmites*, suivant le cas. De même, si deux compagnies ou deux escadrons, ou deux batteries, casernés ensemble, éprouvent dans leur effectif des réductions telles qu'une seule marmite puisse suffire, il ne sera accordé que cette seule marmite pour les deux compagnies, les deux escadrons, ou les deux batteries.

Lorsque des portions de compagnie, escadron ou batterie d'un effectif inférieur à la capacité des marmites, sont logées isolément dans les casernes où il existe des cuisines à fourneaux économiques, il est mis à leur disposition un de ces fourneaux, garni de la marmite nécessaire, si toutefois il est démontré que ces détachements ne peuvent faire ordinaire autrement qu'avec ces fourneaux ; mais, si au contraire, par la disposition du casernement, ces détachements peuvent éviter de se servir des fourneaux, il ne leur en est

____

(1) Il n'y a d'ordinaires séparés pour les pelotons hors rang, que lorsqu'ils ne peuvent être réunis en entier à l'ordinaire d'un escadron ou d'une batterie.

point délivré et les hommes reçoivent, dans ce cas, le chauffage individuel d'ordinaire.

Les fourneaux, les marmites et les allocations qu'ils comportent, sont affectés à la cuisson des aliments des caporaux ou brigadiers et soldats.

Les sous-officiers et autres parties prenantes traitées au même titre, reçoivent pour leur ordinaire des allocations individuelles.

CHAUFFAGE DES CHAMBRES.

Troupes casernées.

Les distributions collectives ou individuelles de chauffage des chambres en hiver pour les troupes casernées, ont lieu, selon les localités, pendant trois, quatre ou cinq mois, commençant et finissant aux époques indiquées ci-après. Les localités auxquelles s'appliquent chacune de ces trois durées, sont désignées sous le titre de *région chaude, région tempérée, et région froide*.

La *région chaude* qui commence le 1er décembre et finit au **28** février, comprend les départements ci-après, savoir :

L'Ardèche, l'Aude, les Bouches-du-Rhône, la Corse, le Gard, l'Hérault, le Var.

La *région tempérée* qui commence le 16 novembre et finit le **15** mars, comprend les départements ci-après, savoir :

L'Aube, l'Allier, l'Arriège, les Basses-Alpes, la Charente, le Cher, la Côte-d'Or, la Creuse, les Deux-Sèvres, la Dordogne, la Drôme, l'Eure, l'Eure-et-Loir, le Gers, la Gironde, la Haute-Garonne, la Haute-Marne, la Haute-Vienne, les Hautes-Pyrénées, l'Indre-et-Loire, les Landes, la Loire, le Loir-et-Cher, le Loiret, le Lot, le Lot-et-Garonne, le Maine-et-Loire, la Mayenne, la Nièvre, l'Oise, l'Orne, les Pyrénées-Orientales, le Rhône, la Sarthe, la Saône-et-Loire, la Seine-et-Marne, la Seine-et-Oise, le Tarn, le Tarn-et-Garonne, la Vienne, le Vaucluse, l'Yonne.

La *région froide* qui commence le 1er novembre et finit le **31** mars, comprend les départements ci-après, savoir :

L'Ain, l'Aisne, les Ardennes, l'Aveyron, les Basses-Alpes, le Bas-Rhin, le Cantal, le Calvados, la Charente-Inférieure, la Corrèze, les Côtes-du-Nord, la Creuse, le Doubs, le Finistère, les Hautes-Alpes, la Haute-Loire, la Haute-Saône, le Haut-Rhin, l'Ille-et-Vilaine, l'Isère, l'Indre, le Jura, la Loire-Inférieure, la Lozère, la Manche, la Marne, la Meurthe, la Meuse, le Morbihan, la Moselle, le Nord, le Pas-de-Calais, le Puy-de-Dôme, la Seine, la Seine-Inférieure, la Somme, les Vosges, la Vendée.

Troupes campées et baraquées.

Lorsque les troupes sont campées ou baraquées, les distributions du chauffage d'hiver commencent un mois plus tôt et finissent un mois plus tard que pour les troupes casernées, c'est-à-dire ;.

Dans la région chaude, pendant cinq mois, du 1er novembre au 31 mars inclus.

Dans la région tempérée, pendant six mois, du 16 octobre au 15 avril inclus.

Dans la région froide, pendant sept mois, du 1er octobre au 30 avril inclus.

Troupes logées chez l'habitant.

Les troupes en station logées chez l'habitant n'ont pas droit au chauffage d'hiver.

Rations collectives du chauffage des chambres et allocations.

Le nombre de rations collectives de chauffage pour les chambrées, dites *rations de chambre*, allouées pour chaque compagnie, escadron ou batterie, est fixé comme il suit, savoir :

Une pour :

Compagnie d'infanterie de ligne et légère ;
Cadre de dépôt de chaque régiment d'artillerie ;
Compagnie d'ouvriers d'artillerie ;
Compagnie du train du génie sur le pied de paix ;
Compagnie de gendarmes vétérans ;
Compagnie d'ouvriers des équipages militaires à l'effectif réglementaire ;
Compagnie hors rang du bataillon d'ouvriers d'administration et de chaque régiment de génie ; section hors rang du bataillon de tirailleurs et peloton hors rang d'artillerie.

Deux rations pour :

Compagnie du bataillon d'ouvriers d'administration à l'effectif réglementaire ;

Escadron de cavalerie ;

Batterie d'artillerie sur le demi-pied de guerre ;

Compagnie du train des parcs d'artillerie sur le pied de guerre ;

Compagnie de mineurs, de sapeurs, et du train du génie sur le pied de guerre ;

Compagnie d'ouvriers du génie sur le pied de paix et sur le pied de guerre ;

Compagnie du train des équipages militaires ;

Compagnie entière de canonniers vétérans ;

Compagnie de vétérans du génie ;

Compagnies de sous-officiers et de fusiliers vétérans ;

Petit état-major, infirmerie et ateliers, tant des dépôts des régiments employés en Algérie ou hors de France, que du bataillon de tirailleurs et du bataillon d'ouvriers d'administration (1).

Une ration et demie, pour :

Compagnie du bataillon de tirailleurs ;

Batterie d'artillerie sur le pied de paix ;

Compagnie du génie sur le pied de paix ;

Trois rations pour

Batterie d'artillerie sur le pied de guerre ;

Petit état-major, infirmerie et ateliers des corps dans l'intérieur (1).

Quatre rations pour :

L'escadron du train des parcs d'artillerie sur le pied de paix (2).

Demi-ration pour :

Peloton hors rang de cavalerie.

Tiers de ration pour :

Chambre séparée destinée aux enfants de troupe.

-----

(1) Les corps qui ont droit aux allocations pour le petit état-major, etc., sont chaque régiment d'infanterie, de cavalerie et du génie, le bataillon de tirailleurs; le bataillon d'ouvriers d'administration; l'école de cavalerie de Saumur, et chaque escadron du train des parcs d'artillerie, y compris le peloton hors rang de cet escadron.

(2) Cette allocation s'applique à un escadron caserné en entier dans une même garnison.

Les besoins des compagnies, escadrons, batteries et pelotons, variant selon le nombre et les dimensions des chambres occupées, la masse des distributions appartient au corps entier ou au détachement. Les chefs de corps ou commandants de détachements en règlent la répartition intérieure d'après les besoins résultant de l'assiette du casernement de chaque compagnie, escadron, batterie ou peloton.

Les allocations peuvent se trouver insuffisantes pour chauffer toutes les localités d'une caserne, aussi n'entend-on pas non plus fournir aux troupes les moyens de rester enfermées dans des chambres continuellement bien chauffées; ce serait faire contracter au soldat des habitudes tout-à-fait opposées à l'esprit et aux exigences de l'état militaire. Ces allocations sont donc seulement destinées à entretenir du feu dans quelques chambres, où, dans les temps froids et pluvieux, les hommes, surtout ceux qui rentrent de service, ou de corvée puissent se réchauffer et se sécher.

Les rations collectives et individuelles du chauffage des troupes sont fixées aux quantités portées au tableau suivant, savoir :

Tarif des allocations pour la cuisson des alimens et pour les chambres.

DESTINATION DES COMBUSTIBLES.	TAUX DE LA RATION.		fagots d'allumage pour le charbon de terre.	OBSERVATIONS.
	bois.	charbon de terre.		
1° CUISSON DES ALIMENTS. k. d.		k. d.		
Rations de sous-officiers et de parties prenantes traitées au même titre qui font usage de fourneaux économiques, par hommes et par jour..........	1 60	» 80	un par 20 rations.	
Ration collective de l'ordinaire aux troupes faisant usage de fourneaux économiques { 1° fourneau ancien modèle à une marmite...........	25 »	14 »		
2° fourneau ancien modèle à deux marmites......	42 »	24 »	deux par ration.	
3° fourneau Choumara à double	40 »	22 »	....	Pr marm. de 75 l. et au-dessous.
marmite......	45 »	25 »	....	Pour des marmites au-dessus de 75 litres.
Ration individuelle d'ordinaire aux troupes casernées ne faisant pas usage de fourneaux économiques.........	» 80	» 40		Une ration par homme et par jour avec double ration pour les sous-officiers et les parties prenantes traitées comme eux.
Ration individuelle d'ordinaire aux troupes logées chez l'habitant en station.......	1 00	» 50	un par 20 rations.	
Ration individuelle aux troupes campées ou barraquées	1 20	» 60		
2° CHAUFFAGE DES CHAMBRES.				
Ration collective de chambres dite de campagne. { région chaude	20 »	12 »		
— tempérée	25 »	15 »	3 par ration.	
— froide...	30 »	18 »		
Ration individuelle de chauffage des chambres aux troupes casernées. { région chaude	» 50	» 25		
— tempérée.	» 70	» 35		
— froide...	» 80	» 40		
Ration individuelle d'hiver aux troupes campées ou barraquées. { région chaude	1 »	» 50	un par 20 rations.	Idem.
— tempérée. — froide...	1 20	» 60		

DISTRIBUTIONS AUX CORPS DE GARDE.

Chauffage.

Le chauffage des corps-de-garde se divise en saisons de *petit-hiver*, de *moyen-hiver* et de *plein-hiver* ; comme pour le chauffage des chambres des casernes, on compte une *région chaude*, une *région tempérée* et une *région froide*, pour chacune desquelles les allocations diffèrent.

Le chauffage des corps-de-garde, pour les troupes casernées, commence un mois plus tôt, et finit un mois plus tard que celui des chambres. Quant aux troupes campées et baraquées, le chauffage des corps-de-garde commence et finit en même temps que celui de ces troupes.

On compte donc pour tous les corps de garde :

Par région chaude.

Un premier mois de petit-hiver pendant le mois de novembre.

Une première quinzaine de moyen-hiver du 1er au 15 décembre inclus.

Deux mois de plein-hiver du 16 décembre au 15 février inclus.

Une dernière quinzaine de moyen-hiver du 16 au dernier jour de février.

Un dernier mois de petit-hiver, mois de mars.

Par région tempérée.

Un premier mois de petit-hiver du 16 octobre au 15 novembre inclus.

Un premier mois de moyen-hiver du 16 novembre au 15 décembre inclus.

Deux mois de plein-hiver du 16 décembre au 15 février inclus.

Un dernier mois de moyen-hiver du 16 février au 15 mars inclus.

Un dernier mois de petit-hiver du 16 mars au 15 avril inclus.

Par région froide.

Un premier mois de petit-hiver, mois d'octobre.

Un premier mois de moyen-hiver, mois de novembre.

Trois mois de plein-hiver du 1ᵉʳ décembre au dernier de février.

Un dernier mois de moyen-hiver, mars.

Un dernier mois de petit-hiver, avril.

Il y a quatre classes de corps-de-garde, chacune des trois premières (sauf les corps-de-garde de police des casernes et des corps, qui sont toujours de 3ᵉ classe lorsqu'un service étranger n'en exige pas impérieusement l'élévation à une classe supérieure) est déterminée par le nombre d'hommes occupant le poste.

La 4ᵉ classe se compose de la chambre de l'officier commandant un poste.

L'officier commandant n'a droit au chauffage qu'autant qu'il occupe une chambre séparée du poste de la troupe, et que cette chambre a un poêle ou une cheminée dictincte; si au contraire l'officier se tient dans le local de la troupe ou si le poêle de ce local sert en même temps à la chambre de l'officier, il n'est point dû de chauffage pour celle-ci, mais alors le corps de garde de la troupe reçoit le chauffage attribué à la 1ʳᵉ classe, lors même que, par suite de quelques circonstances particulières, il serait d'une classe inférieure.

Les distributions de chauffage pour les corps-de-garde ont lieu chaque jour dans les proportions indiquées au tarif ci-contre :

Tarif des allocations de chauffage aux corps de Garde

CLASSES des CORPS-DE-GARDE.	SAISONS.	TAUX des ALLOCATIONS JOURNALIÈRES en kilogrammes					
		Bois.			Charbon de terre.		
		région chaude.	région tempérée.	région froide.	région chaude.	région tempérée.	région froide.
		kil.	kil.	kil.	kil.	kil.	kil.
1re CLASSE. 16 hommes et au-dessus..	Petit hiver	28	36	45	16	20	24
	Moyen hiver	42	54	68	24	30	36
	Plein hiver	56	72	90	32	40	48
	Anticipation ou prolongation	19	24	30	11	13	16
2e CLASSE. de 8 à 15 hommes	Petit hiver	24	30	38	13	17	19
	Moyen hiver	36	45	56	20	25	29
	Plein hiver	48	60	75	27	33	38
	Anticipation ou prolongation	16	20	25	9	12	13
3e CLASSE. de 7 hommes et au-dessus	Petit hiver	20	25	30	12	14	17
	Moyen hiver	30	38	45	17	21	26
	Plein hiver	40	50	60	22	28	34
	Anticipation ou prolongation	13	17	20	7	9	11
4e CLASSE. chambre d'officier....	Petit hiver	17	21	25	9	12	17
	Moyen hiver	25	32	38	14	18	23
	Plein hiver	34	42	50	18	24	30
	Anticipation ou prolongation	11	14	17	6	8	10

Nota. Il est ajouté aux allocations en charbon de terre un fagot d'allumage par jour et par corps-de-garde.

ÉCLAIRAGE.

L'éclairage des corps-de-garde est le même pour toutes les classes. Il est assuré partout, excepté en Corse, en chandelles de 16 au kilogramme ; en Corse il est fourni de l'huile.

Les distributions ont lieu chaque jour, savoir :

1º A raison de trois chandelles ou dix décagrammes d'huile par poste, du 1er septembre au 31 mars inclus (saison d'hiver);

2º A raison de deux chandelles ou de douze décagrammes d'huile par poste, du 1er avril au 31 août inclus (saison d'été).

Il est accordé en outre (excepté en mai, juin et juillet) une chandelle ou six décagrammes d'huile à chacun des postes qui sont tenus de fournir la lumière pour les rondes de nuit. Ces postes sont désignés aux états-généraux, aux états marrons et aux revues de corps-de-garde.

L'éclairage est toujours dû pour l'officier commandant un poste, soit qu'il occupe une chambre distincte, soit qu'il se tienne dans le local occupé par la troupe.

CHAPITRE IV. — DES DISTRIBUTIONS EN GÉNÉRAL.

Epoques des distributions.

Le pain doit être distribué tous les quatre jours en hiver, et tous les deux jours en été.

En station, la distribution du biscuit, du riz et légumes secs, du sel, des salaisons et des liquides, doit être faite tous les quatre jours, à moins de circonstances extraordinaires.

La viande fraîche est distribuée tous les deux jours en hiver et tous les jours en été.

Le chauffage est distribué tous les quatre, cinq ou dix jours, suivant ce qui a été réglé par le sous-intendant militaire, de concert avec l'autorité militaire.

Les heures de distribution et le jour des corps de la garnison sont réglés par les mêmes autorités, par un ordre du jour affiché dans les magasins.

Les distributions ont lieu, pour les troupes campées ou sur le pied de guerre, aux heures et pour le nombre de jours qui sont déterminés par le général commandant les troupes, de concert avec l'intendance militaire.

La dernière distribution de chaque mois est toujours réduite au nombre de jours qui complètent le mois (art. **228** et **229** du réglement du 1ᵉʳ septembre 1827).

Mode des distributions.

En station, les distributions se font aux corps et détachements par compagnie, escadron ou batterie.

En marche, les distributions sont faites pour un ou deux jours, selon le cas, dans le lieu où la troupe doit coucher.

Lorsqu'une partie de la troupe qui est en marche doit être détachée en arrière ou sur les côtés du lieu d'étape, il doit être pris des mesures pour que le pain soit porté dans les cantonnements avant l'arrivée de la troupe.

Devoirs des officiers de semaine dans les distributions.

L'officier de semaine doit examiner avec soin les denrées mises en distribution, afin de s'assurer de leur bonne qualité. Lui seul peut entrer dans le magasin ; il peut requérir la pesée des denrées rationnées, et se faire donner toutes les explications qu'il croit nécessaires pour établir son opinion sur leur qualité. Avant de faire commencer la distribution, il doit donner sur chaque nature de denrée, son opinion sur le registre de visite établi *ad hoc* dans le magasin.

Lorsque l'officier chargé de l'examen des distributions croit devoir les refuser pour quelque cause que ce soit, il en fait immédiatement son rapport au sous-intendant militaire, qui prononce sur l'objet de la difficulté, après avoir. au besoin, pris l'avis d'experts contradictoires, lesquels experts sont payés par la partie condamnée.

Combustibles non consommés au départ d'une troupe.

Lorsqu'un corps ou détachement, dont la destination a été changée, n'a pas consommé, avant son départ, la totalité des combustibles livrés à la dernière distribution, les quantités non consommées sont reportées par la troupe au magasin et reprises par l'entrepreneur. Il en est fait déduction sur le bon de la distribution.

Prise des denrées dans les magasins

Les troupes cantonnées ou campées dans un rayon de quatre kilomètres des magasins, sont tenues d'y aller prendre elles-mêmes leurs distributions. Au-delà de cette distance, les denrées doivent être transportées par les soins de l'administration ou de l'entrepreneur, aux frais de l'Etat, après avoir été reconnues et reçues par la troupe avant leur sortie du magasin.

A Paris et à Lyon, les distributions sont transportées aux frais de l'Etat dans les casernes.

Des bons de distribution.

Les bons de distribution des corps entiers doivent être faits par le trésorier et visés du major; ceux des detachements sont faits par l'officier payeur, et visés par l'officier faisant fonctions de major, ou par l'officier ou sous-officier qui commande, dans le cas où il n'y aurait pas de major ou faisant fonctions.

La distribution aux parties prenantes isolées, ont lieu sur des bons signés individuellement par chaque partie prenante indiquant son nom et son grade.

Il doit être établi des bons distincts :

Pour le pain;
Pour le biscuit ;
Pour le riz, les légumes et le sel;
Pour la viande fraîche, et la viande salée, en distinguant le bœuf du lard.
Pour le vin, l'eau-de-vie et le vinaigre.

Tous les bons de distribution de vivres, liquides, chauffage et fourrage, doivent être soumis au visa du sous-intendant militaire, et il est expressément défendu aux agents comptables d'acquitter des bons qui ne seraient pas revêtus de cette formalité, et qui présenteraient quelques ratures ou surcharges.

Lorsqu'il est alloué un supplément quelconque, conformément à l'article **224** du réglement des subsistances, les quantités à fournir en raison de ce supplément, doivent toujours être exprimées dans les bons, en nombre, ou fractions de rations réglementaires, c'est-à-dire, par exemple, que s'il a été distribué une ration et demie de vin, au lieu d'une ration, on ne doit pas porter une ration de 3/8ᵉ de litre, mais bien une ration et demie : il doit en être de même dans le cas où par suite de circonstances extraordinaires, il ne peut être distribué aux troupes qu'une partie de la ration qui leur est attribuée.

Les moins perçus en vivres, liquides et chauffage ne peuvent donner lieu à aucun rappel.

Il est expressément défendu aux agents comptables de délivrer des contre-bons.

(Réglement du 1er septembre 1827, instruction du 30 juin 1840 ; cahier des charges du 30 octobre 1847, et art. 320 de l'ordonnance du 25 décembre 1837.)

TITRE II. — *Du Logement et du Casernement.*

CHAPITRE Ier — DES RÈGLES D'ALLOCATION DU LOGEMENT.

Le logement est dû aux sous-officiers, caporaux ou brigadiers et soldats de toutes armes, dans toutes les positions qui leur donnent droit à la solde de présence.

Sur le pied de guerre, le logement est dû aux officiers de tous grades et de toutes armes, ainsi qu'aux employés des administrations militaires ; à défaut de bâtiments militaires, il y est pourvu par les soins des autorités locales.

Sur le pied de paix, tout officier en activité a droit au logement meublé dans les bâtiments militaires comme il est dit au chapitre II du présent titre.

A défaut d'emplacement dans les bâtiments militaires ou de meubles dans ces bâtiments, il y est suppléé par les indemnités représentatives déterminées par l'ordonnance du 25 décembre 1837.

Les officiers, sous-officiers, caporaux ou brigadiers et soldats de toutes armes, marchant isolément ou avec leur corps, et généralement tout militaire porteur d'une feuille de route, ont droit au logement fourni par les autorités locales, avec éclairage pour les officiers et place au feu et à la chandelle pour les hommes de troupe (Loi du 10 juillet 1791).

CHAPITRE II. — DU CASERNEMENT.

SECTION Ire. — *Du logement dans les bâtiments militaires*

Le service du casernement comprend généralement tout ce qui a rapport au logement des troupes en garnison.

Les bâtiments militaires sont dans les attributions respectives des intendants et sous-intendants militaires, des officiers du génie et des commandants de place.

Les commandants de place sont chargés de la police militaire des bâtiments occupés par la troupe.

Les officiers du génie sont chargés de la police administrative des bâtiments militaires, conjointement, avec l'intendance militaire.

L'intendance militaire désigne le logement des corps dans les bâtiments qui lui sont affectés.

Occupation des bâtiments.

Dans les bâtiments militaires désignés pour être occupés par la troupe, le logement des corps doit être distribué pour les différents grades ainsi qu'il suit :

Capitaine, une chambre et un cabinet ;

Lieutenant et sous-lieutenant, une chambre et un cabinet pour deux ;

Sergent-major ou maréchal-des-logis-chef et fourrier, une chambre à deux lits ;

Sergents et maréchaux-des-logis, une chambre pour tous ceux de chaque compagnie, escadron ou batterie ;

Les caporaux ou brigadiers logent avec les soldats.

Il est réservé, dans chaque caserne, une chambre basse et pavée pour chaque blanchisseuse aux corps autorisés par les réglements ; mais cette chambre est sans meubles ni fourniture de casernement.

A la prise de possession d'une caserne, il est établi dans chaque compagnie, escadron ou batterie, un état descriptif des lieux, détaillé par chambre, et contenant l'inventaire des effets d'ameublement restant à demeure.

Une expédition de cet état est signé par l'officier du casernement et remise au capitaine.

Les hommes deviennent responsables des dommages et dégâts causés par leur fait, tant aux bâtiments qu'aux effets qu'ils renferment, sauf le cas de force majeure.

Ameublement.

Il est pourvu à l'ameublement des bâtiments militaires :

1° En ce qui concerne le couchage et les fournitures de corps-de-garde, pour l'entreprise des lits militaires, d'après les ordres des intendants :

2º En ce qui concerne les autres objets d'ameublement, et les ustensiles qui ne sont pas à la charge des corps, par les soins du génie.

Chaque lit doit être adossé, autant que possible, à un mur, mais sans le toucher ; l'intervalle entre deux lits doit être de cinquante centimètres au plus.

Il doit être établi à la tête des lits, dans les chambres des casernes, des tablettes pour recevoir les bagages des hommes.

Dans l'espace qui sépare deux lits, sont scellés dans le mur, deux chevilles ou crochets en fer ou deux boutons pour porter l'armement.

Deux clous à crochets doivent être fixés au-dessous de la tablette, à la tête des lits, pour y suspendre les souliers, la semelle en dehors.

Il est fourni, dans chaque chambrée, à raison de seize hommes de l'effectif occupant :

1º Une table de deux mètres de longueur sur soixante-dix centimètres de largeur ;

2º Deux bancs de même longueur, et une planche à pain de deux mètres de longueur sur soixante centimètres de largeur.

Sous aucun prétexte, il n'est fourni de tables dans les cantines, pensions, etc.

La chambre des sous-officiers est meublée en raison du nombre d'hommes qu'elle contient, et dans les proportions qui précèdent. On y place toujours le double rang de tablettes.

Dans celle du sergent-major, il y a un porte-armes pour dix armes, et le développement de tablettes pour vingt hommes.

Les outils, ustensiles, balais, paniers, racloirs, etc., pour le service des chambrées ou des aliments, sont toujours à la charge des corps ; seulement, les pelles, pioches et brouettes, nécessaires pour l'entretien de la propreté dans les casernes et à l'extérieur des bâtiments, sont fournies par le génie et remises à l'officier de casernement qui en est responsable.

Police intérieure des bâtiments.

La destination d'un local ne peut être changée ; le maniement des armes et les exercices sont défendus dans les corridors et autres lieux que ceux destinés à cet usage.

Les leçons d'escrime et de danse sont également proscrites des chambres et corridors; mais, lorsque les ressources du casernement le permettent, il est désigné une salle particulière pour cet objet.

Les corps doivent entretenir la propreté intérieure dans tous les lieux qu'ils occupent, ainsi que dans les corridors, escaliers, cours, etc. Ils sont également chargés de la propreté devant les façades des bâtiments qu'ils occupent le long de la voie publique, en se conformant à cet égard, aux règlements de police des villes et des communes.

Evacuation des bâtiments.

Tout corps de troupe qui évacue un logement pour quelque motif ou avec quelque précipitation que ce soit, doit rendre toutes les chambres, corridors, escaliers. etc., dans un état de propreté convenable, pour y recevoir tel autre corps qui viendrait le remplacer.

Le commandant du corps ou du détachement est personnellement responsable de l'exécution de cette mesure.

Lorsqu'un corps de troupe quitte un logement sans l'avoir rendu en état de propreté, il est employé, aux frais du commandant, le nombre d'ouvriers nécessaires pour que le logement soit mis en état d'être occupé dès le jour même si le besoin l'exige (Extrait du réglement du 17 août 1824).

SECTION II. — *Des lits militaires.*

L'objet du service militaire est de procurer aux militaires en station, logés dans les locaux dont dispose le département de la guerre, les effets de couchage et d'ameublement qui leur sont nécessaires.

Le mobilier du service des lits militaires comprend les diverses catégories ci-après :

1° Fournitures d'officiers et d'employés militaires :

2° Ameublement de chambre d'officier ;

3° Ameublement de chambre d'employé militaire et d'adjudant-sous-officier ;

4° Fourniture de soldat ;

5° Fourniture d'infirmerie régimentaire ;

6° Demi-Fourniture ;

7° Mobilier de corps-de-garde d'officier :

8° Mobilier de corps-de-garde de soldat :

9° Capote de sentinelles.

Les fournitures et les ameublements d'officiers sont destinés aux sous-lieutenants, aux lieutenants et aux capitaines des corps de troupe logés dans les bâtiments militaires ou dans les locaux considérés comme tels.

Les ameublements d'employé militaire et d'adjudant sont destinés aux adjudants-sous-officiers et aux vétérinaires.

Les fournitures de soldat sont destinées aux sous-officiers, caporaux, brigadiers, soldats, ainsi qu'aux enfants de troupe, et aux vivandières-blanchisseuses patentées.

Les fournitures d'infirmerie sont spécialement affectées aux militaires atteints de maladies ou de blessures légères traitées dans les infirmeries régimentaires.

Les demi-fournitures sont affectées au service :

1º Des infirmiers régimentaires, pour le traitement des vénériens et des galeux ;

2º Des salles de discipline et des prisons de police établies dans l'intérieur des casernes.

Rebattages des matelas et traversins.

Les matelas et traversins d'officiers seront rebattus tous les ans, ceux des fournitures de soldats tous les dix-huit mois, et ceux des fournitures d'infirmerie tous les ans, quelque soit du reste, le temps pendant lequel ces matelas et traversins ont été occupés depuis leur dernier rebattage.

Nonobstant cette manutention périodique, les matelas et traversins des lits d'infirmerie seront rebattus, les enveloppes et la laine seront assainies, toutes les fois que l'officier de santé du corps en aura reconnu la nécessité, et qu'un fonctionnaire de l'intendance en aura donné l'ordre.

Echange des draps de lit.

Les draps de lit sont échangés, savoir :

Ceux des fournitures d'officiers,	Du 1er mai au 30 septembre, tous les 15 jours. Du 1er octobre au 30 avril, tous les 20 jours.
Ceux des fournitures de soldats,	Du 1er mai au 30 septembre, tous les 20 jours. Du 1er octobre au 30 avril, tous les 30 jours.

Ceux des fournitures et demi-fournitures d'infirmerie, aux mêmes époques que pour les lits de soldat, et à chaque mutation de malade ; il sera fourni des draps blancs lorsque en raison de la maladie, l'officier de santé juge nécessaire de faire échanger les draps.

Les draps délivrés dans le courant de septembre devront rester en service quinze jours, si ce sont des draps d'officier, et vingt jours si ce sont des draps de soldat, quand même l'époque de l'échange écherrait en octobre ; par la même raison , ceux de même espèce, délivrés en avril devront rester vingt ou trente jours en service, quoique la date de l'échange arrive en mai.

Serviettes.

L'échange de serviettes, qui font partie de l'amcùblement d'officier et de l'amcublement d'adjudant-sous-officier, a lieu toute les semaines.

Renouvellement de la paille.

Le renouvellement de la paille s'opère en entier tous les six mois pour les lits d'officier, ainsi que pour ceux de soldat et d'infirmerie, et tous les quatre mois pour les demi-fournitures.

La vieille paille qui appartient à l'entrepreneur, est transportée par la troupe dans un lieu que désigne à l'avance le fonctionnaire de l'intendance militaire.

Lorsque la paille à remplacer ne sera pas entièrement hors de service, le chef de la troupe pourra , s'il le juge utile, faire conserver la meilleure à raison de deux kilogrammes de cette paille pour un kilogramme de paille fraîche, que l'entrepreneur aura à fournir en moins à titre de renouvellement.

Si, en raison de circonstances extraordinaires, des paillasses garnies étaient transportées d'une caserne dans une autre, la paille de ces paillasses serait renouvelée en même temps que celle des autres paillasses existant dans cette dernière caserne, alors même que le dernier renouvellement de la paille des unes et des autres aurait eu lieu à des époques différentes.

Foulonnage des couvertures et lavage des toiles.

Les couvertures sont battues et foulonnées, les couvre-pieds battus, nettoyés et lavés ; les toiles à paillasses, à ma-

telas et à traversins, sont lavées toutes les fois que la ne-
cessité en est reconnue.

Les draps sont retournés avant d'être tout-à-fait éli-
més.

L'opportunité de ces manutentions est déterminée par le
fonctionnaire de l'intendance militaire ou son suppléant,
qui donne au préposé l'ordre de les exécuter.

Désinfection des demi-fournitures d'infirmerie.

Les demi-fournitures en service dans les infirmeries régimentaires sont désinfectées à chaque changement de garnison. Les draps et les toiles de paillasses et des sacs à
paille sont lessivés; la paille est renouvelée, et les couvertures, ainsi que les couvre-pieds, sont passés au sou-
fre.

Distribution des fournitures.

Il est distribué aux troupes en station, une fourniture
et un ameublement (du nouveau modèle) par officier, et un
ameublement (ancien modèle) par adjudant-sous-officier et
par vétérinaire, une fourniture de soldat par sous-officier,
caporal, brigadier, soldat, enfant de troupe et blanchisseuse-
vivandière patentée.

Les distributions de literie sont faites à raison de l'effectif présent.

Les fournitures d'infirmerie sont distribuées à raison de
deux pour cent du nombre de fournitures de soldat, attribuées aux corps et détachements d'après leur effectif. Les
demi-fournitures d'infirmerie sont délivrées à raison d'un et
demi pour cent, et celles destinées aux salles de police et
aux prisons le sont à raison de un pour cent.

Les officiers peuvent recevoir des lits de soldat pour les
affecter à leur usage personnel dans des circonstances extraordinaires dont il est rendu compte au ministre.

Il est tenu compte dans ce cas à l'entreprise, des frais extraordinaires de blanchissage des draps.

Les distributions sont faites aux corps de troupe et détachements, sur des états de demandes collectifs, sur lesquels le fonctionnaire de l'intendance militaire appose l'ordre de distribution, et la partie prenante y donne son récépissé.

Il est dressé des états supplémentaires lorsque des aug-
mentations survenues dans l'effectif de la troupe rendrait

nécessaire une plus grande quantité de fournitures et de demi-fournitures ; ces états sont établis sur le même modèle,
et soumis aux mêmes formalités.

Le premier jour de chaque trimestre, les états de demande délivrés dans le cours du trimestre précédent sont
remplacés par un nouvel état comprenant la totalité du mobilier de literie dont chaque corps ou détachement est en
possession, et auquel il a droit d'après son effectif ; les anciens états, y compris ceux supplémentaires, restent entre
les mains du préposé.

Les distributions aux corps et détachements se font par
compagnie, escadron ou batterie, en présence de l'officier
de casernement et de l'officier de semaine, lesquels doivent
examiner les effets et faire suspendre la distribution de
ceux qu'ils ne jugeraient pas être en bon état de service.

Lorsque la distribution est suspendue dans le cas prévu
par l'article précédent, il en est rendu compte au fonctionnaire de l'intendance militaire, qui, après avoir fait procéder à l'expertise de ces effets, s'il y a lieu, prononce leur admission ou leur rejet.

Lorsque la distribution est consommée, aucune réclama-
tion, quant au nombre et à l'état des effets, n'est pas admissible.

Toutefois, si la totalité des fournitures ne peut-être véri-
fiée le jour de la distribution, les effets non vérifiés sont reçus en nombre seulement par les corps ou détachements,
sauf à procéder le lendemain à leur examen et à faire remplacer ceux qui ne seraient pas reconnus en bon état.

Dans le récépissé au bas de l'état d'effectif, il serait fait
mention de cette circonstance et du nombre d'effets que le
corps aurait reçu, chaque jour, jusqu'à concurrence de ceux
qui lui étaient dus.

Les parties prenantes doivent prendre au magasin livraison des fournitures qu'elles sont autorisées à recevoir, et
elles doivent en effectuer elles-mêmes ou à leurs frais le
transport du magasin aux casernes. Cette obligation s'étend
à tous les effets qu'elles réintègrent au magasin, pour être
échangés ou remplacés.

Par exception à l'article qui précède, le transport des lits
est effectué par les soins de l'entrepreneur et à ses frais,
dans les cas suivants :

1° Si la caserne est éloignée du magasin de plus de deux
kilomètres ;

2° Si la caserne est séparée du magasin par un bras de mer ou par une rivière sur laquelle il n'y ait pas de pont ;

3° Dans la place de Paris, à l'arrivée et au départ de chaque corps ou détachement, pour le transport à faire du magasin à la caserne , et de là au magasin ;

4° Lorsqu'un corps ne reçoit son ordre de marche que la veille du jour fixé pour son départ.

Responsabilité.

Les corps et détachements sont responsables, vis-à-vis de l'entrepreneur, des pertes et des dégradations provenant de leur fait, qu'a éprouvé le mobilier pendant tout le temps qu'ils l'ont eu à leur disposition ; mais ils ne sont pas responsables des dégradations provenant de l'usure naturelle des effets ou du peu de soin que l'entreprise aurait apporté dans leur entretien.

Les troupes ne pouvant se servir d'aucun effet de literie hors des locaux affectés à leur casernement, elles ne peuvent, dans aucun cas et sous aucun prétexte, les employer à un usage autre que celui auquel ils sont destinés.

Les commandants des troupes devront faire exercer la plus sévère surveillance dans les chambrées, afin de prévenir tout usage abusif de nature à hâter la détérioration des effets. Ils veilleront, ou feront veiller, à ce que les soldats ne battent les couvertures et les couvre-pieds qu'avec des baguettes flexibles , et non avec la baguette de fusil ; à ce qu'ils ne déposent sur les lits, ni dans l'intérieur des lits, aucun objet étranger, alors même que cet objet ne paraîtrait pas de nature à salir ou à détériorer les effets ; à ce qu'ils ne se couchent pas avec leurs chaussures ; enfin à ce qu'il ne soit fait aucun dommage au mobilier de literie.

Fournitures et demi-fournitures d'infirmerie.

Les fournitures et les demi-fournitures d'infirmerie ne doivent pas être employées au couchage des soldats en santé.

Réintégration en magasin.

Tout corps ou détachement quittant une caserne, est tenu de réintégrer, avant son départ , dans le magasin des lits militaires, les fournitures qu'il a reçues du préposé de ce service.

2.

Les exceptions spécifiées au titre des distributions sont applicables aux réintégrations au magasin.

Toutes les réintégrations d'effets en magasin que font les corps et détachements, pour cause de diminution de leur effectif, ou pour cause de départ, sont inscrites par les officiers de casernement au bas des récépissés qu'ils ont délivrés sur les états de demande ; la date de ces réintégrations est mentionnée exactement *et en toutes lettres* sur les récépissés.

Les réintégrations par suite d'échange ne donne lieu à aucune inscription.

Le recensement et la reconnaissance des effets réintégrés ou laissés à demeure dans les casernes, devront toujours être faits en présence du préposé, de l'officier de casernement, du capitaine commandant la compagnie, l'escadron ou la batterie, ou d'un officier délégué par ce dernier.

Quelque soit la précipitation du départ d'un corps, le chef de ce corps délègue un ou plusieurs officiers pour être présents au recensement et à la reconnaissance des effets, en obtenir décharge pour le compte du corps, et intervenir dans l'évaluation des pertes et dégradations.

Dégradations et pertes.

Lorsqu'il résulte du recensement et de la reconnaissance des effets, qu'il n'existe ni pertes ni dégradations à la charge de la troupe, l'officier de casernement fait mention de cette circonstance au bas de sa déclaration de réintégration sur les états d'effectifs restés entre les mains du préposé, et celui-ci délivre en même temps pour constater cette même circonstance, un certificat qu'il remet directement au corps, s'il est sur les lieux : ou, dans le cas contraire, au fonctionnaire de l'intendance militaire, lequel le transmet au conseil d'administration.

Ces inscriptions sur les états d'effectifs, ainsi que les certificats, sont soumis au visa du sous-intendant militaire.

Lorsque le recensement et la reconnaissance des effets font reconnaître des pertes et des dégradations provenant du fait de la troupe, elles sont récapitulées dans un état spécial, spécifiant la nature et le nombre des effets perdus ou détériorés, l'importance et la nature des dégradations, ainsi que le montant des pertes et dégradations d'après les tarifs ci-après, ou d'après leur évaluation, soit à l'amiable,

soit par expertise contradictoire, à défaut d'indications pré-
cises dans les tarifs ; enfin, cet état présente le montant des
sommes que le corps doit payer immédiatement entre les
mains et sur l'acquit du préposé, lequel acquit doit être re-
vêtu du visa du sous-intendant militaire.

Cet état est dressé par le préposé en deux expéditions
qui sont soumises au visa du fonctionnaire de l'intendance
militaire ; l'une de ces expéditions est remise au corps , et
l'autre au préposé.

Lorsque des effets ont été avariés par suite du mauvais
état des casernes, d'un vice de construction ou de toute autre cause dépendante de l'état des bâtiments, les frais de
réparations de ces effets sont à la charge du département
de la guerre, pourvu, toutefois, que ces avaries et leurs
causes aient été légalement constatées, et que les corps justifient de leurs démarches auprès des fonctionnaires de l'intendance militaire pour obtenir la réparation des bâtiments.

Capotes de sentinelles.

Les capotes de sentinelles sont mises en service le premier octobre de chaque année et réintégrées en magasin le
premier mai suivant : toutefois, ces distributions et réintégrations peuvent avoir lieu avant ou après ces époques sur
l'ordre des sous-intendants militaires, lorsque les lieutenants-généraux commandant les divisions , le jugeront nécessaire.

Les dégradations provenant du fait de la troupe sont à sa
charge et les chefs de poste ou de corps et détachement
sont responsables envers les adjudants de place, des capotes
en service.

Mobiliers de corps-de-garde.

Lorsqu'un corps-de-garde doit-être occupé, le mobilier est
remis, sur l'ordre du fonctionnaire de l'intendance militaire, soit à l'adjudant de place, soit, à défaut, au commandant de la troupe ; l'officier qui prend ainsi livraison du mobilier, en donne récépissé au préposé de l'entrepreneur, envers lequel il en devient responsable.

Les chefs de poste, de corps ou de détachements, sont responsables du mobilier affecté au service envers l'officier qui
en en a pris livraison entre les mains du préposé (Règlement du 29 octobre 1841 , inséré au *Journal Militaire* , 1er
sem. 1844, page 763).

DEVIS D'AMEUBLEMENT

DES

Officiers , Adjudants – Sous – Officiers et Vétérinaires , avec indication du prix de remboursement en cas de perte.

<table>
<tr><td colspan="2">

DÉSIGNATION

DES

OBJETS.

</td></tr>
<tr><td>Lit composé de</td><td>

Paillasse en toile à carreaux bleus et blancs..........
Matelas en toile, carreaux bleus et blancs...........
Traversins en coutil.....................
Couvertures de laine blanche fine...............
Paires de draps en toile blanche................

</td></tr>
<tr><td colspan="2">

Paire de rideaux en toile de coton croisée, bleue, rouge ou chamois....
Rideaux de fenètre ; même étoffe que ci-dessus...............
Commode en bois de chêne poncé et verni pour les officiers...........
Table de nuit, même bois et même façon   idem...............
Table pour écrire, en bois de noyer....................
Table toilette en bois de chêne poncé et verni...............
Table bureau,   idem.   idem...............
Fauteuil   idem.   idem pour les officiers...........
Chaises,   idem.   pour les officiers.............
Encrier en bois peint en noir et verni..................
Pot à eau, en porcelaine blanche pour les officiers..............
Cuvette,   idem   idem...............
Vases pour savon idem   idem...............
Verre de cristal.........................
Gobelet............................
Vase de nuit en porcelaine blanche pour les officiers............
Paire de chenets en fonte pour les officiers...............
Pelle à feu en fer poli pour   id...............
Paire de pincettes id.......................
Soufflet en merisier, pour les officiers.................
Petit ballet d'âtre en bois peint, soies noires...............
Chandeliers en cuivre, à coulisse, pour les officiers............
Paire de mouchettes en fer poli et porte-mouchette en tôle vernie......
Éteignoir en cuivre.......................
Tapis ou descente de lit en laine...................
Serviettes renouvelées chaque semaine.................
Porte-Manteau à 6 boutons.....................
Miroir............................

</td></tr>
</table>

Nombre des Objets d'ameublement à fournir aux — Officiers.	Adjudants et Vétérinaire ou premier. (A.)	PRIX AUXQUELS SERONT REMBOURSÉS LES EFFETS PERDUS. Fourniture d'Officier et employé militaire, jusqu'à la fin du marché. (B.) f. c.	AMEUBLEMENT d'Officier. Jusqu'au 31 mars 1847. f. c.	AMEUBLEMENT d'Officier. Du 1er avril 1847 au 31 mars 1857. f. c.	D'employé militaire et d'adjudants, jusqu'à la fin du marché. f. c.	OBSERVATIONS.
1	»	5 50	»	»	»	(A) Les adjud. et les vétérin. reçoivent des fournitures de soldats
2	»	3 75	»	»	»	
1	»	2 »	»	»	»	(B) Le kil. de laine 2 f. 40; de crin 2 f. 25; de plumes 2 f. 90.
2	»	15 90	»	»	»	
1	»	16 80	»	»	»	Un des deux ne sert que pendant 7 mois.
1	1	»	39 50	29 50	18 0	les anciens rideaux ne sont payés que 11 f. 90.
1	»	»	25 20	18 90	»	
1	1	»	70 80	53 10	18 70	La pièce. Les anneaux 4 50, et 3 40.
1	»	»	16 50	12 40	»	la flèche 1 50 1 15 et 1.
»	1	»	»	»	3 30	Chaque anneau de rideaux de fenêtre 5 c.
1	»	»	37 45	28 10	»	Tringle des mêmes 1 f. 15 et 90 c.
1	»	»	42 30	31 75	3 30	
1	1	»	21 60	16 20	3 15	
3	3	»	13 20	9 90	1 85	Une seule.
1	»	»	5 70	4 30	»	
1	1	»	1 90	1 45	0 70	
1	1	»	1 90	1 45	0 70	
2	»	»	0 50	0 40	»	
1	»	»	0 50	0 40	»	
»	1	»	»	»	0 20	
1	1	»	1 80	1 35	0 60	
1	1	»	2 60	1 95	2 75	La paire.
1	1	»	2 10	1 60	1 05	
1	1	»	2 10	1 60	1 05	La paire.
1	1	»	2 20	1 65	1 05	
1	»	»	1 30	1 00	»	
2	1	»	3 00	2 25	1 20	Un seul.
1	1	»	1 40	1 05	0 45	La paire. — Porte-Mouchette, 80, 60 et 45 c.
1	1	»	0 30	» 25	0 25	
1	»	»	9 20	6 90	»	
2	1	»	2 00	1 50	0 85	Une seule.
»	1	»	»	»	0 70	
»	1	»	»	»	1 40	

DEVIS

De la fourniture du soldat et de la fourniture d'infirmerie, avec indication des prix de remboursement en cas de perte.

FOURNITURE DE SOLDATS.

Prix de Remboursement.

fr. c.

Une paillasse en toile lessivée, garnie de 10 kilogrammes de paille et de 2 kilogrammes de crin............................La toile. 3 30

Un matelas dont l'enveloppe sera en toile lessivée, garni de 8 kilogrammes de laine-mère neuve, et de 2 kilogrammes de crin, La toile. 2 20

Un traversin, en toile lessivée, garni de 1 kilogramme de laine et 500 grammes de crin, ...La toile. 0 50

Une paire de draps en toile de ménage, ayant 2 mètres 800 millimètres de longueur sur 1 mètre 250 millimètres à 1 mètre 300 millimètres de largeur...............Le drap. 3 20

Une couverture de laine pesant, neuve, de 3 kilogrammes 500 grammes à 4 kilogrammes, ayant 2 mètres 707 millimètres à 2 mètres 870 millimètres de longueur, sur 1 mètre 620 millimètres à 1 mètre 730 millimètres de largeur............................ 9 45

Un couvre-pied, provenant des couvertures vieilles ou hors de service, pesant 1 kilogramme 500 grammes, ayant 1 mètre 461 millimètres de longueur et 1 mètre 300 millimètres de largeur......................... 2 30

DEMI-FOURNITURE D'INFIRMERIE.

fr. c.

Une paillasse semblable à celle de la fourniture
de soldat, mais garnie de 14 kilogrammes de
paille de froment ou de seigle....La toile. 3 30

Un sac à paille, semblable au traversin, quant
à sa forme et ses dimensions, garni de 2
kilogrammes de paille de même espèce que
celle de la paillasse..............La toile. 0 30

Une couverture, un couvre-pieds, une paire de
draps, aux même poids , dimensions et
qualité que ceux prescrits pour les fournitures de soldat. (*Même prix que ci-dessus*).

fr. c.

Le kilogramme de laine.................... 1 65
Le kilogramme de crin..............*...... 1 80
Le kilogramme de paille.................. 0 04
Capote de sentinelle....................12 10

DEMI-FOURNITURE DE SALLE DE POLICE.

Cette demi-fourniture sera composée des mêmes
effets que celle d'infirmerie, excepté qu'il n'y sera
pas affecté de draps.

La paille des paillasses et sacs à paille des demi-
fournitures d'infirmerie et de salle de police sera
renouvelée tous les quatre mois.

OBSERVATIONS GÉNÉRALES.

Les poids et dimensions indiqués dans le présent
devis sont ceux que doivent avoir les effets neufs au
moment où ils entrent en service. Pour les effets en
service on ne tolérera que les déficits suivants :

1° Dans le poids.. $\begin{cases}\text{de la couverture. 0 k. 750 m.}\\\text{du couvre-pied .. 0} \qquad 250\end{cases}$

2° Dans chacune des dimensions. $\begin{cases}\text{de la couverture.. 0} \qquad 162\\\text{du couvre-pied... 0} \qquad 108\\\text{des draps........ 0} \qquad 100\end{cases}$

DEVIS

Des Objets composant le mobilier des corps-de-garde.

CORPS-DE-GARDE D'OFFICIER.

Prix de remboursement en cas de pertes.

	f	c.
Un fauteuil à bascule...................	26	50
Une chaise garnie en paille	1	05
Un poêle..............................	17	10
Un chandelier.........................	0	75
Une paire de mouchettes...............	0	30
Un porte-mouchettes	0	30
Un encrier en plomb	0	55
Un pot à eau..........................	0	60
Une cuvette..........................	0	60
Un verre..............................	0	20
Chaque bout de tuyau de poêle..........	0	70
Une pelle à feu........................	0	80
Une paire de pincettes.................	0	80
Un tisonnier..........................	0	55
Un cendrier	0	00

CORPS-DE-GARDE DE SOLDATS.

	f.	c.
Poêle................................	14	50
Bout de tuyau.........................	0	65
Chandelier	0	55
Mouchettes	0	25
Falot de ronde........................	2	25

	f.	c.
Bidon....................................	2	70
Brouette	4	45
Brancard................................	2	25
Boîte de ronde.........................	1	40
Chaque marron de distribution de chauffage	0	05
Chevalet...............................	1	45
Chaque marron de ronde.................	0	05
Hache ou merlin........................	2	40
Manche de hache........................	0	15
Scie	2	30
Pelle ronde en fer.....................	1	05
Manche de pelle	0	15
Arrosoir.	0	85
Caisse à charbon.......................	1	40
Manche de balai........................	0	15

TARIF

DES

*Dégradations de literie provenant du fait de la troupe
et dont la dépense est remboursable par elle
à l'entreprise.*

FOURNITURES DE SOLDAT ET D'INFIRMERIE.

PAILLASSE.

Taches d'urine et pourriture en dessus et en dessous.

Sur une étendue de 10 centimètres et au-dessous :

fr. c.

Tôle, main-d'œuvre et fournitures. 0 f. 15 c. }
Remplacement de 4 kil. de paille... 0 20 } 0 35

Sur une étendue de 11 à 25 centimètres :

Toile, main-d'œuvre et fournitures. 0 26
Lavage de la toile et remplacement
de 6 kil. de paille............... 0 50 } 0 76

Sur une étendue de 26 à 50 centimètres :

fr. c.

Toile, main-d'œuvre et fournitures. 0 f. 55 c.
Lavage de la toile et remplacement
de la totalité de la paille........ 0 70 } 1 25

Sur une étendue de 51 à 75 centimètres :

Toile, main-d'œuvre et fournitures. 1 15
Lavage de la toile et remplacement
de la totalité de la paille........ 0 70 } 1 85

Sur une étendue de 76 centimètres à 1 mètre :

Toile, main-d'œuvre et fournitures. 1 60
Lavage de la toile et remplacement
de la totalité de la paille .... 0 70 } 2 30

Sur une étendue de 1 mètre 1 centimètre à 1 mètre
50 centimètres :

Toile, main-d'œuvre et fournitures. 2 20
Lavage de la toile et remplacement
de la totalité de la paille........ 0 70 } 2 90

Nota. Lorsque la tache sera moins grande en dessus qu'en dessous, et *vice versá*, on opérera, dans l'évaluation de la toile et de la main-d'œuvre, une déduction correspondante à la différence dans la quantité de toile à employer. Si la toile est tachée et pourrie seulement d'un seul côté, il y aura lieu de réduire de moitié la valeur de la toile et de la main-d'œuvre,

Taches d'urine ou de tout autre liquide, nécessitant le lavage de la toile et le remplacement de la paille dans certains cas :

f. c.

Sur une étendue indéterminée, mais ne nécessitant que le lavage de la toile........ 0 25

De 1 à 25 centimètres : lavage de la toile, remplacement de 5 kilogr. de paille.......... 0   50

De 26 centimètres à 1 mètre : lavage de la
toile, remplacement de 10 kilogr. de paille. 0   75

Taches de sang, de graisse, etc.

	fr.	c.
De 1 à 15 centimètres d'étendue............	0	10
De 16 à 25 centimètres, *idem*..............	0	15
De 26 centimètres à 1 mètre, *idem*..........	0	25

Taches de substance corrosive autres que l'urine.

Les taches de substances corrosives sont de deux
espèces : les unes altèrent profondément les tissus,
et nécessitent le remplacement de la portion de
toile qui est tachée, les autres sont légères et assimilées aux taches de sang, de graisse, etc.

Les premières sont payées comme les dégradations exigeant l'emploi de toile dont il sera parlé
ci-après, les autres le sont comme les taches de
sang, etc.

*Dégradations dont la réparation nécessite l'emploi
de pièces, savoir :*

		f.	c.	m
De 1 à 10 c. de toile, main-d'œuvre comprise.		0	12	5
De 11 à 20	*Id*...............	0	18	
De 21 à 30	*Id*...............	0	25	
De 31 à 50	*Id*...............	0	40	
De 51 à 75	*Id*...............	0	65	
De 76 c. à 1 mètre,	*Id*...............	0	90	

Les dégradations de petite dimension qui peuvent être réparées au moyen de reprises, seront
payées à raison d'un centime et demi par centimètre ; mais au-delà de 10 centimètres, elles rentreront dans la catégorie des dégradations exigeant
l'emploi de pièces.

Nota. Si une paillasse est tachée à la fois d'urine, de graisse ou de sang, il ne sera payé que la somme exigible pour les taches d'urine, attendu que ces dernières nécessitent généralement le lavage de la toile.

Si le nombre et la dimension des taches de sang, de graisse, etc., ne sont pas tels que leurs prix réunis soient égaux aux frais de blanchissage (0 f. 25 c.) Cette manutention ne pourra pas être exigée en raison de ces taches.

En principe, quel que soit le nombre des taches de sang, de graisse, etc., on ne peut exiger que le paiement du prix alloué pour frais de blanchissage de la toile.

MATELAS.

1ʳᵉ CATÉGORIE.

Taches et pourriture en dessus et en dessous.

Dégradations produites par l'urine.

Sur une étendue de 1 à 10 centimètres :

	fr.	c.			
Toile, main-d'œuvre et fournitures....	0	20			
Reconfection et lavage...............	0	50	}	0	90
Déchet...............................	0	20			

Sur une étendue de 11 à 25 centimètres :

	fr.	c.			
Toile, main-d'œuvre et fournitures....	0	30			
Reconfection et lavage...............	0	50	}	1	25
Déchet...............................	0	45			

Sur une étendue de 26 à 50 centimètres :

	fr.	c.			
Toile, main-d'œuvre et fournitures....	0	65			
Lavage, reconfection et rebattage.....	0	70	}	2	25
Déchet de laine et de crin...........	0	90			

Sur une étendue de 51 à 75 centimètres :

                                     fr. c.

Toile, main-d'œuvre et fournitures.... 1 25 ⎫
Lavage, reconfection et rebattage.... 0 70 ⎬ 2 85
Déchet de laine et de crin............ 0 90 ⎭

Sur une étendue de 76 centimètres à 1 mètre :

Toile, main-d'œuvre et fournitures... 1 75 ⎫
Lavage, reconfection et rebattage..... 0 70 ⎬ 3 35
Déchet de laine et de crin............ 0 90 ⎭

Sur une étendue de 1 m. à 1 m. 50 centimètres :

Toile, main-d'œuvre et fournitures.... 2 50 ⎫
Lavage, reconfection et rebattage..... 0 70 ⎬ 4 10
Déchet de laine et de crin............ 0 90 ⎭

Voir à l'article de la paillasse, l'observation relative aux modifications que ces prix peuvent subir.

2ᵉ CATÉGORIE.

Taches d'urine ou d'autres liquides corrosifs nécessitant seulement le lavage de la toile, mais sans qu'il faille remplacer les parties tachées de l'enveloppe.

Sur une étendue de 1 à 25 centimètres :

                                       fr. c.

Lavage de la toile, reconfection et déchet... 0 90

Lorsque les taches ci-dessus seront d'une petite dimension et qu'il sera reconnu qu'elles ne doivent pas entraîner le lavage immédiat de l'enveloppe, il sera payé pour chacune d'elles le prix fixé; ainsi qu'il est dit ci-après pour les taches de sang, de graisse, etc., et selon leur dimension.

Sur une étendue de 26 centimètres à 1 mètre :

Lavage de la toile, reconfection et
  rebattage...................... 0 f. 70 c. ⎱ 1 60
Déchet de laine et de crin .... 0 90 ⎰

3ᵉ CATÉGORIE.

Taches de sang, de graisse, d'encre, etc.

	f.	c.
Sur une étendue de 1 à 10 centimètres.....	0	15
Sur une étendue de 11 à 15 centimètres.....	0	30
Sur une étendue de 16 à 25 centimètres.....	0	45

Sur une étendue de 26 centimètres à 1 mètre, nécessitant le lavage de la toile.

Lavage, reconfection et rebattage. 0 f. 70 c.		1	60
Déchet de laine et de crin........ 0 90			

Nota. Les taches de petite dimension ne donneront lieu au lavage de la toile et à la reconfection de l'effet, qu'autant que le produit de ces taches sera égal à la dépense résultant de ces réparations, c'est-à-dire 90 centimes.

Taches de substance corrosive autre que l'urine.

(Même observation que pour la paillasse).

Dégradations dont la réparation nécessite l'emploi de pièces.

SAVOIR :

	fr.	c.
De 1 à 10 c. de toile, main-d'œuvre comprise.	0	15
De 11 à 20 *Id*.................	0	20
De 21 à 30 *Id*.................	0	30
De 31 à 50 *Id*.................	0	45
De 51 à 75 *Id*.................	0	70
De 76 c. à 1 mètre. *Id*.................	1	00

Les dégradations de petite dimension, telles que les accrocs, les coupures, etc., qui peuvent être réparées sans employer de pièces, seront payées à raison d'un centime et demi par centimètre ; mais, au-delà de 10 centimètres, elles rentreront dans la catégorie de celles qui nécessitent l'emploi de pièces.

Nota. Si un matelas est taché à la fois d'urine, de graisse, de sang, etc., il ne sera payé que la somme exigible pour la tache d'urine, attendu que ces dernières nécessitent généralement le lavage de l'enveloppe.

Si le nombre et la dimension des taches de sang, de graisse, etc., ne sont pas telles que leurs prix réunis soient égaux aux frais de blanchissage et de reconfection (0 f. 90 c.), cette manutention ne pourra pas être exigée en raison de ces taches.

En principe, quel que soit le nombre des taches de sang, de graisse, etc., on ne peut exiger que le paiement du prix alloué pour le lavage de la toile et la reconfection de l'effet (0 fr. 90 c.)

TRAVERSINS.

Taches nécessitant le lavage de l'enveloppe.

Lavage, reconfection et déchet de laine
et de crin............................ 0 **fr.** 85 c.

*Tache de sang, de graisse, etc., qui, par sa nature
et son étendue ne nécessite pas le lavage immédiat
de la toile.*

	fr.	c.	m.
De 01 à 10 centimètres d'étendue........	0	07	5
De 11 à 15 Id..........Id.............	9	10	
De 16 à 25 Id..........Id.............	0	15	

Une ou plusieurs taches de petite dimension ou de dimensions différentes ne nécessiteront le lavage de la toile et la reconfection de l'effet, qu'autant que le montant réuni du prix de ces diverses taches s'élevera à la somme nécessaire pour effectuer ces manutentions, soit 0 fr. 35., et sans qu'on puisse faire payer une somme supérieure à celle nécessaire pour les opérer.

Tâches de substance corrosive autres que l'urine.

(Voir à l'article des paillasses l'observation relative à ces taches).

Les taches nécessitant le remplacement de la partie de l'enveloppe qui en est atteinte, sont payées à raison d'un centime et demi par centimètre de toile employée, main-d'œuvre et fournitures comprises.

Il ne sera pas admis de fractions au-dessous de 5 centimètres, c'est-à-dire que les réparations exigeant l'emploi de 3 ou 4 centimètres de toile seront payées 7 centimes 5, comme celles de 5 centimètres; mais les réparations nécessitant l'emploi de 11 centimètres de toile et au-dessus, seront payées ainsi qu'il est dit à l'article des matelas.

Les taches n'exigeant pas le remplacement de la toile, seront assimilées aux taches de sang, etc.

Dégradations nécessitant l'emploi de pièces sans exiger la reconfection de l'effet.

Les dégradations de cette nature sont payées comme celles correspondantes portées à l'article du matelas.

Les observations placées à la suite du tarif des réparations du matelas sont applicables au traversin.

DRAPS.

Chaque tache d'encre ou de substance corrosive........................... 0 fr. 20 c.

Si à l'époque de la réintégration en magasin des draps en service, on remarquait que les effets, en raison de leur excessive malpropreté, ont servi à essuyer des taches d'encre, de cirage, de graisse, enfin qu'ils ont été employés à tout autre usage qu'à celui auquel ils sont affectés, le préposé réclamera l'intervention du fonctionnaire de l'intendance militaire, afin de faire déterminer par expertise contradictoire l'indemnité qui serait due par les parties prenantes, en raison du dommage que les effets auront pu éprouver.

Dégradations dont la réparation exige l'emploi de pièces.

			fr.	c.
Chaque pièce de 1 à 10 c., main-d'œuvre et fournitures comprises..			0	20
— de 11 à 20	Id...........		0	30
— de 21 à 30	Id...........		0	40
— de 31 à 40	Id...........		0	50
— de 41 à 50	Id...........		0	60
— de 51 à 60	Id...........		0	80
— de 61 à 70	Id...........		1	15
— de 71 à 80	Id...........		1	45
— de 81 à 90	Id...........		1	60
— de 91 c. à 1 mètre	Id...........		1	80

Déchirures, coupures, accrocs, et autres de même espèce.

Toutes celles de ces dégradations qui pourront être réparées au moyen de reprises seront payées à raison de 1 centime 5 par centimètre. Toutefois, les dégradations de 1 à 9 centimètres seront payées comme celles de 10 centimètres, 15 centimes.

Les dégradations de cette nature qui ne pourront être réparées qu'au moyen de pièces, rentreront dans la catégorie des dégradations indiquées dans l'article précédent.

COUVERTURES.

	fr.	c.
Toutes taches de 1 à 5 centimètres d'étendue n'exigeant pas le foulonnage immédiat.......	0	20
Idem, de 6 à 10. *Idem*....................	0	30

Toutes taches de 11 centimètres à 1 mètre d'étendue nécessitant le foulonnage immédiat de la couverture (fou'onnage et moins value). 0 75

Nota. Les taches de 1 à 10 centimètres ne rendront obligatoire le foulonnnage de la couverture qu'autant que leur nombre sera tel, que la somme qu'elles produiront équivaudra au montant de cette réparation, 0 f. 75 c.

Si le produit des taches de petite dimension était supérieur au prix du foulonnage, ce prix seulement serait remboursé.

Dégradations ne pouvant être réparées qu'au moyen de pièces.

		fr.	c.
De 1 à 10 cent., main d'œuvre et fournitures comprises		0	40
De 11 à 20	*Id.*	0	60
De 21 à 30	*Id.*	0	80
De 31 à 40	*Id.*	1	20
De 41 à 50	*Id.*	1	70
De 51 à 60	*Id.*	2	20
De 61 à 70	*Id.*	2	80
De 71 à 80	*Id.*	3	50
De 81 à 90	*Id.*	4	20
De 91 c. à 1 mètre	*Id.*	5	50

Déchirures, coupures, accrocs et autres de même espèce.

Les dégradations de cette nature qui pourront être réparées au moyen de reprises, seront payées à raison de 5 centimes par centimètres; toutefois, celles qui excéderont 10 centimètres seront remboursées comme toutes celles qui ne sont réparables qu'au moyen de pièces et aux prix stipulés en l'article précédent.

OBSERVATIONS GÉNÉRALES.

Les taches de petite dimension ne nécessitent pas ordinairement le lavage de l'effet, à moins qu'elles ne soient de nature à exiger cette opération. On doit, dans l'intérêt du soldat, ne recourir à cette manutention qu'autant qu'il est impossible de maintenir la couverture en service dans l'état où elle se trouve.

COUVRE-PIEDS

fr. c.

Toute espèce de tache de 1 à 10 centimètres d'étendue, ne nécessitant pas le foulonnage immédiat de l'eflet.......................... 0 10

Idem, de 11 à 20 centimètres, *idem* 0 20

Idem, de 21 centimètres à 1 mètre, nécessitant le foulonnage immédiat de l'effet........ 0 35

Même observation qu'à l'article de la couverture.

Dégradations ne pouvant être réparées qu'au moyen de pièces.

fr. c.

De 01 à 15 centimètres, main-d'œuvre et fournitures comprises................... 0   30

De 16 à 30 centimètres, main-d'œuvre et fournitures comprises.............. 0   45

De 31 à 50   *Id*................ 0   60

De 51 à 80   *Id*................ 0   90

De 81 c. à 1 mètre   *Id*................ 1   20

Déchirures, coupures, accrocs et autres de même espèce.

Même observation que pour la couverture. Toutefois les reprises aux couvre-pieds ne seront payées que 3 centimes 5 par centimètre.

Les observations générales à l'article des couvertures sont également applicables aux couvre-pleds.

DEMI-FOURNITURES.

PAILLASSES.

Taches d'urine et pourriture en dessus et en dessous.

Sur une étendue de 1 à 10 centimètres :

fr. c.

Toile, main-d'œuvre et fournitures. 0 f. 15 c.
Remplacement de 4 kil. de paille.. 0 20 } 0 35

Sur une étendue de 11 à 25 centimètres :

Toile, main-d'œuvre et fournitures. 0 26
Lavage de la toile et remplacement
  de 8 kilogr. de paille........... 0 60 } 0 86

Sur une étendue de 26 à 50 centimètres :

Toile, main-d'œuvre et fournitures. 0 55
Lavage de la toile et remplacement
  de la totalité de la paille .... 0 80 } 1 45

Sur une étendue de 51 à 75 centimètres :

Toile, main-d'œuvre et fournitures. 1 f. 15 c.
Lavage de la toile et remplacement
  de la totalité de la la paille...... 0 90 } 2 05

Sur une étendue de 76 centimètres à 1 mètre :

Toile, main-d'œuvre et fournitures. 1 60
Lavage de la toile et remplacement
  de la totalité de la paille........ 0 80 } 2 50

Sur une étendue de 1 m. 1 c. à 1 m. 50 c.

Toile, main-d'œuvre et fournitures. 2 20)
Lavage de la toile et remplacement   } 3 10
  de la totalité de la paille 0 90)

Les observations portées à l'article de la paillasse, des fournitures, sont applicables à celles des demi-fournitures.

Taches d'urine ou de tout autre liquide nécessitant le lavage de la toile et le remplacement de la paille dans certains cas.

                                 fr. c.

Sur une étendue indéterminée, mais ne nécessitant que le lavage de la toile........ 0 25

      Sur une étendue de 1 à 25 centimètres :

Lavage de la toile et remplacement de 6 kilogr. de paille...................... 0 55

      Sur une étendue de 26 cent. à 1 mètre :

Lavage de la toile et remplacement de 14 kilogr. de paille...................... 0 95

Toutes les autres taches et dégradations seront payées aux prix et conditions portés à l'article de la paillasse de fourniture.

SAC A PAILLE.

                                   fr. c.

Tache nécessitant le lavage immédiat de l'enveloppe............................ 0 10

Tache de petite dimension qui, par sa nature et son étendue, ne nécessite pas le lavage immédiat de l'enveloppe.................. 0 05

Taches de substances corrosives.)
Dégradations nécessitant l'emploi | Comme
de morceaux de toile pour être ré- } pour
parées .... | le traversin.
 D´chirures, coupures, accrocs, etc.)

DRAPS.

(Comme pour les draps des fournitures complètes).

COUVERTURES ET COUVRE-PIEDS.

(Comme pour les effets de même nature des fournitures complètes).

OBSERVATIONS.

Le tarif des dégradations d'effets de literie imputables à la troupe ne peut pas être considéré comme énonçant l'exacte appréciation des dépenses qu'elles auront à supporter, mais bien comme présentant des prix moyens de convention.

Si, dans certaines localités, ces prix sont inférieurs aux frais de réparations et à la moins-value, c'est-à-dire, à la dépense que l'entreprise aura réellement à faire; le contraire aura lieu dans d'autres localités; et en définitive, il y aura compensation.

(*Journal militaire*, 1er juin 1844, pages 681 à 847).

TARIF

Du prix de remboursement des fournitures perdues par les parties prenantes ou pour cause de force majeure.

FOURNITURES D'OFFICIER.

	fr.	c.
Kilogramme de laine	3	25
— de crin	2	50
Drap (la pièce)	14	»
Couverture	18	»

FOURNITUTES DE SOLDATS ET D'INFIRMERIE.

	fr.	c.
Toile de paillasse......................	4	»
— de matelas.........................	4	»
— de traversin	1	»
Kilogramme de laine.................	1	80
— de crin	2	20
Drap (la pièce).......................	5	»
Couverture..........................	17	»
Couvre-pied..........................	3	»
Copote de sentinelle.................	22	»

(*Journal militaire*, 1er sem. 1845, page 50.)

TARIF

Du remboursement des couchettes et châlits à tréteaux.

	fr.	c.
Couchettes de fer pour officier.........	48	40
— de fer pour la troupe.......	29	»

Châlits à tréteaux :

de fer.	tréteaux et dosier 13 28,	
	armatures ..... » 41, 6	16 55
	3 planches..... 2 85, 6	
de bois.	tréteaux....... 4 57	7 45
	3 planches..... 2 88	

(*Journal militaire*, 1er sem. 1850, p. 399).

CHAPITRE III.

DU LOGEMENT CHEZ L'HABITANT.

Conformément aux lois des 10 juillet 1791 et 23 mai 1792, le logement doit être fourni par les habitants ;

1° Aux militaires de tous grades et de toutes armes et autres considérés comme tels, marchant en corps ou en détachement, isolément ou allant en congé, munie de feuilles de route qui leur attribuent cette prestation ;

2° Aux hommes de troupe et sans troupe en station dans les places ou cantonnements dans lesquels il n'y a pas de bâtiments militaires, ou lorsque les bâtiments militaires qui y existent sont reconnus insuffisants, ou se trouvent dépourvus de fournitures de coucher.

Le logement chez l'habitant comprend les écuries pour les chevaux et les remises ou emplacements pour les voitures et les bagages.

Les maires font fournir le logement chez l'habitant sur la présentation des feuilles de route par les militaires en marche; et sur les demandes des sous-intendants militaires pour les troupes en station.

Les lits fournis par les habitants aux sous-officiers et soldats doivent, autant que possible, être composés comme ceux des casernes, et il doit y avoir dans la chambre deux chaises et un banc.

Les officiers à leur arrivée en garnison ou en cantonnement, ne peuvent prétendre à des billets de logement pour plus de trois nuits ; ils sont tenus de se loger ensuite à leurs frais.

Les militaires logés chez l'habitant sont responsables des dommages et des dégradations qu'ils auraient occasionnés dans leur logement.

Les maires doivent désigner un logement pour le chef d'ordinaire, ayant place suffisante pour faire la cuisine pour huit ou seize homme, et pouvant fournir les ustensiles nécessaires.

Les logements et les objets d'ameublement à fournir aux officiers par les habitants, doivent être composés, autant que possible, pour les différents grades, ainsi qu'il suit :

Celui d'un capitaine, d'une chambre avec un lit, et d'une autre chambre avec lit pour son domestique.

Les lieutenants et les sous-lieutenants, sont deux à deux dans des chambres à deux lits, en leur donnant une chambre avec un lit pour leurs domestiques.

Ameublement.

Les lits qui sont fournis par les habitants dans les logements des officiers sont garnis d'une housse, d'une paillasse, de deux matelas, ou d'un seul avec un lit de plume, d'un traversin, de deux couvertures et d'une paire de draps.

Chaque chambre à lit est meublée d'une table, de chaises, d'une armoire ou commode, fermant à clef, d'un porte-manteau, d'un pot à l'eau avec sa cuvette et deux serviettes par semaine.

Chaque lit de domestique est composé comme celui de soldat.

Les habitants doivent fournir un lit pour deux caporaux, brigadiers ou soldats, de même que pour deux sergents ou maréchaux-des-logis et fourriers; mais ces derniers ne doivent, dans aucun cas, coucher avec les soldats, ni avec des sous-officiers d'un autre corps.

Il doit être délivré un lit pour chaque adjudant, tambour et trompette-major, sergent-major ou maréchal-des-logis-chef, qui doivent coucher seuls.

L'habitant prête aux officiers, sous-officiers et soldats les ustensiles de cuisine et de table, et leur doit place au feu et à la chandelle.

Les habitants ne doivent jamais être délogés de la chambre ni des lits où ils ont coutume de coucher; ils ne peuvent néanmoins, sous ce prétexte, se soustraire à la charge du logement.

Dans les gîtes qui ne sont pas lieux de garnison, la garde de police est établie à la mairie ou dans tout autre local à proximité, reconnu propre à servir de corps de garde, et désigné par le maire qui y fait fournir le chauffage, la lumière et les ustensiles nécessaires.

Il est fourni aux troupes en marche, pour le dépôt de leurs bagages, un local à proximité du corps-de-garde de police.

Les troupes en cantonnement ou en garnison ne peuvent exiger de la place au feu chez l'habitant, attendu qu'elles reçoivent, dans ces positions, les prestations de chauffage.

Les habitants ne sont point tenus de fournir les ustensiles de cuisine; mais ils doivent donner une chambre à cheminée pour faire cuire les aliments.

(Extrait du réglem. du 10 juil. 1824 et de l'ordonn. du 2 nov. 1833)

TITRE III. — *De l'habillement dans l'intérieur des corps de troupe.*

Délivrance des effets (1).

Les sous-officiers, caporaux ou brigadiers et soldats, excepté les adjudants et les maîtres ouvriers, reçoivent, aux frais de l'Etat, les effets d'habillement et d'équipement ci-après ; savoir :

Dans l'infanterie de ligne, l'infanterie légère, la légion étrangère, les bataillons d'infanterie légère d'Afrique et les cadres des compagnies de discipline :

Une tunique de sous-officier, d'une durée de trois ans et six mois (2ᵉ sem. 1851, page 362).

Une tunique de soldat, d'une durée de trois ans.

Une redingote pour les sous-officiers et musiciens, dont la durée est fixée à trois ans. (Idem).

Une capote pour les caporaux et soldats, d'une durée de trois ans.

Une veste aux caporaux et soldats, d'une durée de trois ans.

Un pantalon aux sous-officiers et soldats, dont la durée est fixée à un an.

Aux mêmes, un bonnet de police, d'une durée de trois ans.

Les sous-officiers et soldats des compagnies d'élite reçoivent, avec leur tunique, une paire d'épaulettes dont la durée est la même que celle de la tunique.

Les mêmes reçoivent un schako, qui n'est remplacé qu'après réforme.

Un ceinturon, de quinze ans de durée.

Un porte-bayonnette, de quinze ans de durée.

Un fourreau de bayonnette, de cinq ans de durée.

Une bretelle de fusil, de douze ans de durée.

Une paire de bretelles de giberne, d'une durée de vingt ans.

---

1) Devis descriptif du 4 mars 1845 et tarif du 26 mai même année.

Les soldats reçoivent en outre une giberne, d'une durée de vingt ans.

Les sous-officiers en général, ainsi que les caporaux et soldats d'élite, reçoivent l'équipement dit de sous-officier, qui est composé des mêmes objets que celui de la troupe, sauf addition d'un porte-sabre, de quinze ans de durée.

Les musiciens n'ont que le ceinturon et le porte-sabre.

Tous les effets ci-dessus, lorsqu'ils ont été mis en possession des hommes, s'ils les perdent ou s'ils les détériorent avant l'expiration du terme fixé pour leur durée, ils sont remplacés ou reparés à leurs frais.

Dans les carabiniers :

Un habit de soldat ou de brigadier, d'une durée de trois ans.

Un habit de sous-officier, d'une durée de quinze mois (1),
Un pantalon d'ordonnance, d'une durée de dix-huit mois.
Un pantalon de cheval, d'une durée de dix-huit mois (1).
Un pantalon d'écurie, d'une durée d'un an.
Un pantalon de sous-officier, d'une durée de quinze mois.
Une veste d'écurie, d'une durée de dix-huit mois.
Un manteau, d'une durée de neuf ans.
Un casque, qui ne doit être remplacé qu'après réforme.
Un bonnet de police, d'une durée de trois ans.
Une calotte de drap, d'une durée de quinze mois.
Un porte-manteau, d'une durée de huit ans.
Plus, un ceinturon et un cordon de sabre, de même durée que dans les dragons (2).

Cuirassiers :

Mêmes effets d'habillement que pour les carabiniers, plus un plumet, d'une durée de deux ans.

Plus un ceinturon, une dragonne cordon de sabre, de même durée que dans les dragons (2).

Dragons (2) :

Mêmes effets d'habillement que pour les cuirassiers.
Plus une giberne, d'une durée de vingt ans.
Un porte-giberne, d'une durée de vingt ans.
Un ceinturon de sabre, d'une durée de vingt ans.

---

(1) Décision du 4 avril 1851.
(2) Devis descriptif du 7 octobre 1845 et tarif de durée du 25 janvier 1832.

Un cordon de sabre, d'une durée de huit ans.
Un couvre-platine, d'une durée de huit ans.
Et une bretelle de fusil, d'une durée de douze ans.

Lanciers (1) :

Habit, pantalon, veste, bonnet de police, calotte de drap et porte-manteau, de même durée que dans les carabiniers.
Un czapska, d'une durée de quatre ans,
Un pompon, d'une durée de quatre ans.
Une aigrette ou plumet, d'une durée de six ans.
Un couvre-czapska, d'une durée de quatre ans.
Un cordon de czapska, d'une durée de quatre ans
Une giberne, un porte-giberne, un ceinturon, une dragonne ou cordon de sabre et un couvre-platine, de même durée que dans les carabiniers.
Plus, une courroie de lance, d'une durée de vingt ans.
Et une flamme de lance, d'une durée de deux ans.

Chasseurs (1) :

Habit, pantalon, veste, manteau, plumet, bonnet de police, calotte de drap et porte-manteau, de même durée que dans les carabiniers.
Un schako pour les sous-officiers et soldats, comme dans les hussards.
Colback pour les trompettes, d'une durée de six ans.
Cordon de colback, d'une durée de quatre ans.
Giberne, porte-giberne, ceinturon, cordon de sabre et couvre-platine, de même durée que dans les dragons.

Hussards (1) :

Une pelisse de soldat et de brigadier, d'une durée de quatre ans.
Une pelisse de sous-officier, d'une durée de deux ans.
Un dolman de soldat et de brigadier, d'une durée de quatre ans.
Un dolman de sous-officier, d'une durée de deux ans.
Pantalon, veste d'écurie, manteau, bonnet de police, calotte de drap et porte-manteau, de même durée que dans les cuirassiers.
Un schako, qui n'est remplacé qu'après réforme.

____

(1) Devis descriptif du 7 octobre 1845 et tarif de durée du 25 janvier 1832.

Un colback de trompette, d'une durée de six ans.

Un cordon de schako et de colback, d'une durée de quatre ans.

Une ceinture, d'une durée de six ans.

Une giberne, un porte-giberne, un ceinturon, une dragonne de sabre et un couvre-platine, de même durée que
dans les dragons.

Chasseurs d'Afrique (1) :

Une tunique de soldat, d'une durée de trois ans.
Une tunique de sous-officier, d'une durée de dix-huit mois.
Un pantalon d'ordonnance, d'une durée d'un an.
Un pantalon de cheval, d'une durée d'un an.
Un pantalon d'écurie, même durée.
Une veste d'écurie, d'une durée de dix-huit mois.
Une veste de sous-officier, même durée.
Une ceinture, d'une durée de quatre ans.
Manteau, d'une durée de neuf ans.
Czapska, d'une durée de quatre ans.
Blouse d'écurie, d'une durée de dix-huit mois.
Casquette de sous-officier, d'une durée de quinze mois.
Phécy, d'une durée de quinze mois.
Porte-manteau, d'une durée de huit ans.
Giberne, porte-giberne, ceinturon, dragonne, couvre-pla-
tine, bretelle de fusil, comme dans les chasseurs à cheval.

Artillerie :

Un habit de soldat et brigadier, d'une durée de trois ans.
Un habit de sous-officier, d'une durée de dix-huit mois.
Une capote pour brigadier et soldat, d'une durée de huit
ans.
Une veste pour brigadier et soldat, d'une durée d'un an.
Un pantalon d'ordonnance, d'une durée de dix-huit mois.
Un pantalon pour les hommes non montés, même durée.
Un pantalon pour les hommes montés, même durée.
Un pantalon de cheval, d'une durée de dix-huit mois.
Un pantalon d'écurie, d'une durée d'un an.
Un pantalon de sous-officier, d'une durée de dix-huit mois
Un manteau, d'une durée de neuf ans.
Un porte-manteau, d'une durée de huit ans.
Un schako, d'une durée de quatre ans.
Un couvre-schako, même durée.

---

(1) Devis descriptif du 7 octobre 1845 et tarif de durée du 25 janvier 1832.

Un pompon, d'une durée de deux ans.
Une aigrette en crin, d'une durée de six ans.
Un cordon de schako, d'une durée de quatre ans.
Un colback de trompette, d'une durée de six ans.
Un bonnet de police, d'une durée de trois ans.
Giberne, d'une durée de vingt ans.
Porte-giberne, même durée.
Ceinturon de sabre pour homme monté, même durée.
Ceinturon pour homme non monté, même durée.
Dragonne de sabre, d'une durée de huit ans.
Bretelle de mousqueton, d'une durée de douze ans.

Génie. — Aux sous-officiers et soldats des compagnies à pied (1).

Un habit de soldat, d'une durée de trois ans.
Un habit de sous-officier, d'une durée de deux ans
Une capote de soldat, sans taille, de trois ans de durée.
Une capote à taille pour sous-officier, de même durée
Veste de soldat, maître ouvrier, caporal ou brigadier, d'une durée d'un an.
Un pantalon de soldat, d'une durée d'un an.
Un pantalon de sous-officier, d'une durée de dix-huit mois.
Un pantalon de travail pour sous-officier et soldat, d'une durée d'un an.
Un schako, qui n'est remplacé qu'après réforme.
Un bonnet de police de soldat, d'une durée de trois ans.
Un bonnet de police de sous-officier, de même durée.
Une giberne, d'une durée de vingt ans.
Un porte-giberne, même durée.
Un fourreau de bayonnette, d'une durée de cinq ans.
Une bretelle de fusil, d'une durée de douze ans.
Un baudrier de sabre, d'une durée de vingt ans.

Sapeurs-conducteurs :

Un habit de soldat, d'une durée de trois ans.
Une veste, d'une durée d'un an.
Un pantalon d'ordonnance, d'une durée de dix-huit mois.
Un pantalon de cheval, de même durée.
Un pantalon d'écurie, d'un an de durée.
Un manteau, de neuf ans de durée.
Un schako, de quatre ans de durée.

---

(1) Devis descriptif du 14 juillet 1844 et tarif du 25 janvier 1852.

Un cordon de schako, de même durée.
Un bonnet de police, d'une durée de trois ans.
Une calotte de drap, d'une durée de quinze mois.
Une giberne, d'une durée de vingt ans.
Un porte-giberne, de même durée.
Et un ceinturon de sabre, de même durée.

Chasseurs à pied :

Une capote-tunique, d'une durée de dix-huit mois pour
les sous-officiers et de deux ans pour la troupe.
Un pantalon, d'une durée d'un an.
Une veste, d'une durée de deux ans.
Un bonnet de police phécy, d'une durée de trois ans.
Un manteau de toile, d'une durée de huit ans.
Un schako, qui n'est remplacé qu'après réforme.
Un ceinturon, d'une durée de quinze ans.
Une giberne, d'une durée de vingt ans.
Un fourreau de bayonnette, d'une durée de cinq ans.
Un cordon de clairon, d'une durée de quatre ans.
Une bretelle de fusil, d'une durée de douze ans.

Train des équipages militaires (1) :

Un habit de soldat, d'une durée de trois ans.
Un habit de sous-officier, d'une durée de quinze mois.
Un pantalon d'ordonnance, d'une durée d'un an.
Un pantalon de cheval, d'une durée d'un an.
Un pantolon d'écurie, d'une durée d'un an.
Un pantalon de sous-officier, d'une durée de quinze mois.
Une veste d'écurie, d'une durée de trois ans.
Un manteau, d'une durée de neuf ans.
Un porte-manteau, d'une durée de huit ans.
Un schako, d'une durée de quatre ans.
Un bonnet de police, d'une durée de trois ans.
Une calotte de drap, d'une durée de quinze mois.

Remplacement des effets.

Les effets d'habillement et d'équipement sont remplacés
conformément aux prescriptions du titre VI de la 6e partie
du livre III du 1er volume.

---

(1) Devis descriptif du 8 octobre 1845 et tarif de durée du 25 janvier 1832 et décision du 4 avril 1851.

Réparation au compte des hommes.

Les effets de tout nature fournis par l'Etat, sont remplacés ou réparés au compte des hommes, dans le cas de perte ou détérioration avant l'expiration du terme fixé pour leur remplacememt légal, conformément à ce qui est prescrit au même titre.

NOMÉNCLATURE

Des Effets au compte des masses individuelles, avec indication des prix que
les Corps ne peuvent dépasser dans les
achats.

NOMENCLATURE des effets au compte des masses individuelles, avec indication des prix que les corps ne peuvent dépasser dans les achats.

DÉSIGNATION DES EFFETS.	Prix des effets.	DÉCISIONS QUI FIXENT LES PRIX.
	f. c.	
Besace, pour les troupes à cheval	2 30	*Journal militaire,* 2e semestre page 16.
Boucle de pantalon pour toutes les armes.	» 08	1er semestre 1832, p. 82.
Bottes (la paire).	16 0	1er semestre, 1832, p. 82.
Bottines.	12 »	1er semest. 1832, p. 509.
Bretelle de sabre	1 60	1er semestre 1832, p. 82.
Bretelles de pantalon. { dans l'infanterie .	« 45	1er semestre 1832, p. 82.
{ dans la cavalerie.	» 60	1er semestre 1832, p. 82.
Cache éperons.	» 40	1er semestre 1832, p. 82.
Caisse de tambour. { Peau. { de batterie..	2 25	Lettre de l'intendant de la 1re division en date du 8 août 1844.
{ de timbre...	2 25	
Cercle.	» 70	
Timbre.	» 40	
Cordage.	» 75	
Tiran (chaque).	» 05	
Paire de baguette. . .	2 25	
Caleçon.. - - - - - { pour les troupes à pied	2 15	Circulaire manuscrit du 18 novembre 1833
pour les carabiniers..	2 »	
pour les cuirassiers..	2 10	
pour les autres armes	2 05	
Calotte de coton.	» 40	1er semestre 1837, p. 82, et lettre ministérielle du 22 décembre 1840.
Chemise... { en toile pour toutes les armes	4 10	1er semestre 1832, p. 82.
{ en cretonne. { blanchie....	3 10	2e semestre 1841, p. 354.
{ écrue	2 60	

Suite de la NOMENCLATURE des Effets au compte des masses individuelles, etc.

DÉSIGNATION DES EFFETS.	Prix des effets.	DÉCISIONS QUI FIXENT LES PRIX.
	f. c.	
Coiffe . . { de czapska	2 40	1er semestre 1832, p. 82.
{ de casquette	» 95	2e semestre 1833, p. 104.
Coiffe de schakos. { cavalerie, artillerie et train . . { en coton	1 15	2e semestre 1837, p. 418.
{ en lin . .	1 35	Pour les troupes à pied,
{ toute autre arme . . { en coton	1 25	cette décision se trouve
{ en lin . .	1 45	implicitement rapportée.
		(Voyez couvre-schakos.)
Col noir en satin turc	1 »	1er semestre 1836, p. 417.
Contre-épaulettes { aux chasseurs d'Afrique	2 30	1er semestre 1832, p. 82.
{ aux maréchaux de l'école de cavalerie	1 50	1er sem. 1830, p. 135.
Courroie de manteau	» 35	1er sem. 1840, p. 10.
Couvre . . . { Giberne	» 27	1er sem. 1832, p. 82.
{ Schakos en toile de coton vernie	» 95	2e sem. 1843. p. 487.
Cordon de schakos ou ae czapska	2 30	1er sem. 1832, p. 82.
Effets de pansage dans les régiments de cavalerie . . . { sac à avoine . . . . . . 2 51 / musette . . . . 1 » / ciseaux (la paire) . . . » 82 / éponge . . . . 1 » / peigne . . . . » 20 / brosse . . . . 1 19 / étrille . . . . » 30 / corde à fourrages . . . 1 »	8 52	1er sem. 1832, 509.
Épaulettes (la paire)	2 85	1er sem. 1832, p. 82.
Épinglette	» 10	1er sem. 1832, p. 82.

Suite de la NOMENCLATURE des Effets au compte des masses individuelles, etc.

DÉSIGNATION DES EFFETS.	Prix des effets.	DÉCISIONS QUI FIXENT LES PRIX.
	f. c.	
Etui { d'habit y compris les 2 ronds de bois.	1 05	2e sem. 1843, p. 487.
Etui { de plumet	« 14	1er sem. 1832, p. 82.
Etui { de bonnet d'oursin	1 65	1er sem. 1824, p. 98.
Etui { d'outils du Génie	3 50	1er sem. 1832, p. 82.
Fouet pour l'artillerie et les trains	1 »	1er sem. 1832, p. 509.
Gants { pour l'infanterie (la paire)	» 70	1er sem. 1837, p. 413.
Gants { pour la cavalerie (la paire)	1 60	1er sem. 1832, p. 39.
Guêtres { de cuir noir (la paire)	3 60	2e sem. 1839, p. 82.
Guêtres { blanche (la paire)	1 27	1er sem. 1832, p. 82.
Guêtres { en cuir jaune (la paire)	3 57	Lettre du 12 oct. 1843.
Hache de campement	2 87	1er sem. 1835, p. 64-
Hâvre-sac { de troupe tout garni	9 16	2e sem. 1843, p. 487.
Hâvre-sac { de sapeur tout garni	12 »	1e sem. 1843, p. 487.
Pantalon de treillis { pour les carabiniers	4 40	1er sem. 1836, p. 418.
Pantalon de treillis { pour les cuirass. et l'artillerie	4 15	Idem.
Pantalon de treillis { pour les chass. et les hussards	4 »	Idem.
Pantalon de treillis { pour les autres armes	4 05	Idem.
Paremens pour la grosse cavalerie	2 40	1er sem. 1832, p. 82.
Phécy, ou calotte garance	2 »	Idem.
Plumet en plume { pour les cuirassiers et les dragons	1 78	Idem.
Plumet en plume { pour l'école de cavaler.	3 »	Idem.

DÉSIGNATION DES EFFETS.	Prix des effets.	DÉCISIONS QUI FIXENT LES PRIX.
	f. c.	
Plumet en crin.. { pour les lanciers, chasseurs et hussards..	2 »	1er sem. 1832, p. 82.
pour l'artillerie.....	2 5o	Idem.
Pompon des troupes à pied.... { à flamme { tricolore et écarlate........	» 88	2e sem. 1843, p. 487.
jonquille, etc..	» 72	Idem.
sphérique............	» 5o	Idem.
ellipsoïde { à numéro.....	» 5o	Idem.
sans numéro...	» 45	Idem.
Pompon { de cuirassiers et dragons......	» 3o	1er sem. 1832, p. 82.
de lanciers, chasseurs et hussards	» 55	Idem.
d'artillerie...................	» 55	Idem.
des trains.................	» 88	Idem.
Petite monture.... { livret............ » 25 martinet........... » 4o 2 mouchoirs de poche.. » 8o brosse à habit.. .... » 3o brosse à souliers....... » 20 brosse à boutons...... » 10 boîte à graisse........ » 3o patience........... » 10 trousse en cuir........ » 57 peigne............ » 25 alène enmanchée .... » 2o échevaux de fil........ » 2o dé à coudre.......... » 10 trois aiguilles .... » o5 ciseaux............ » 25	4 07	1er sem. 1824, p. 247. 1er sem. 1832, p. 82, et lettre ministérielle, du 22 déc. 1840, adressée au corps de nouvelle formation.
Souliers (la paire).................	5 3o	1er sem. 1832, p. 82.
Tampon de fusil..................	» 25	Idem.
Tonnelet et la banderolle.............	1 5o	Idem.

La capote d'artillerie assimilée au manteau est exclue des effets abandonnés aux hommes.

Dans les positions où le fantassin n'emporte que sa veste ou son habit et même ces deux vêtemens à la fois, lorsque la rigueur de la saison fait sentir la nécessité de leur laisser une capote, on peut lui donner un effet de cette nature que l'on choisit parmi ceux qui ont atteint le terme de leur durée légale.

Dans les troupes à cheval, les hommes qui se retirent définivement du service ou qui passent dans un corps où leur porte-manteau ne serait pas d'uniforme, ne doivent emporter qu'un porte-manteau réformé ou dans la dernière année de sa durée.

Dans les catégories prévues nos 1, 2, 4, 7, 8, et 9, les hommes emportent leurs propres effets ; dans toutes les autres et lorsque ces effets sont d'une distribution récente, ils doivent être échangés contre des objets ayant parcouru au moins la moitié de leur durée.

Dans toutes les positions les hommes conservent en outre des effets désignés d'autre part, le pantalon dont la durée est expirée ainsi que tous les objets dont l'achat et l'entretien sont en compte des masses individuelles.

TABLEAU DES EFFETS

QUE LES HOMMES EMPORTENT EN CAS DE MUTATIONS.

DÉSIGNATION des POSITIONS.		TROUPES A PIED.						
		Redingote ou capote.	Grande tenue.	Petite tenue.	Pantalon.	Bonnet de police.	Veste.	Schakos.
1° Sous-officiers promus officiers.		0	1	1	1	0	0	0
2° Admis à la retraite.....	sous-officiers.	1	1	1	1	1	0	1
	soldats. . . .	1	1	0	1	1	1	1
3° Congédiés ou réformés par suite de blessures ou infirmités contractées au service (A)	sous officiers.	0	1	1	1	1	0	0
	soldats. . . .	0	1	0	1	1	1	0
4° Allant en semestre (B)...	sous-officiers.	0	1	1	1	1	0	1
	soldats. . . .	0	1	0	1	1	1	1
5° Renvoyés dans leurs foyers pour inaptitude au service ; passant aux compagnies de discipline, et détenus mis en jugement.	sous-officiers.	0	0	1	1	1	0	0
	soldats. . . .	0	0	0	1	1	1	0
6° Passant d'un corps de la ligne dans la gendarmerie ou la garde municipale de Paris.	sous-officiers.	0	0	1	1	1	0	0
	soldats. . . .	0	0	0	1	1	1	0
7° Passant d'un corps dans un autre de même arme . . .	sous-officiers	1	1	1	1	1	0	1
	soldats	1	1	0	1	1	1	1
8° Passant d'un corps dans un autre d'arme différente (D)	sous-officiers.	0	0	1	1	1	0	0
	soldats. . . .	0	0	0	1	1	1	0
9° Allant en congé de 6 mois.	sous-officiers.	0	1	1	1	1	0	0
	soldats. . . .	0	0	0	1	1	1	0

10° Remplacés. — Ils emportent la totalité de leurs effets lorsqu'ils
(Combinaison des dispositions insérées au *Journal militaire*,

quittent le service ou changent de posision emportent avec eux.

TROUPES À CHEVAL.

Dolman — Grande tenue.	Dolman — Petite tenue.	Pelisse — Grande tenue.	Pelisse — Petite tenue.	Habit — Grande tenue.	Habit — Petite tenue.	Veste d'écurie.	Pantalon.	Bonnet de police.	Schakos ou czapska.	Porte-manteau.
1	0	1	0	1	1	0	1	1	0	0
1	0	1	0	1	1	0	1	1	1	1
1	0	1	0	1	0	1	1	1	1	1
1	0	0	1	1	1	0	1	1	0	1
1	1	0	0	1	1	0	1	1	1	1
0	0	0	0	0	1	0	1	1	0	0
0	0	0	0	0	0	0	1	1	0	1
0	0	0	0	0	1	0	1	1	0	0
0	0	0	0	0	0	0	1	1	0	0
0	1	0	0	1	1	0	1	1	1	1
0	0	0	0	1	1	1	0	1	1	1
0	0	0	0	0	1	0	1	1	0	1
0	0	0	0	0	0	1	1	1	0	1
1	0	0	1	0	1	0	1	1	0	1
1	0	0	0	0	0	1	1	1	0	1

OBSERVATIONS.

(A) Dans l'infanterie, la capote pourra remplacer l'habit, et dans les hussards on peut donner la pelisse en échange du dolman.

(B) Ils emportent en outre le casque, le sabre et la sabretache.

(C) Les hommes passant en Afrique n'emportent pas le schako.

(D) On peut laisser emporter les capotes et les schakos, lorsqu'au moyen de quelques légers changements ces effets peuvent être utilisés dans les nouveaux corps.

Les hommes qui vont aux eaux emportent les effets désignés au § 4, moins le sabre, le baudrier le ceinturon et la sabretache (2e semestre 1841, p. 180.)

ont acquitté l'indemnité d'habillement, moins le manteau.
(1er sem. 32, p. 49 et 497, et 1er sem. 33, p. 135.)

Livre II.

INDEMNITÉS DE ROUTE, CONVOIS MILITAIRES,
TRANSPORTS DIRECTS, HOPITAUX,
RETRAITES ET PENSIONS
MILITAIRES.

—

TITRE Ier. — *Des indemnités et des avances en route.*

NOTIONS PRÉLIMINAIRES.

Les militaires et les employés militaires voyageant isolément recoivent, au compte de l'Etat ou à titre d'avance, les moyens qui leur sont nécessaires en argent ou en effets, soit pour se rendre à leur destination ou remplir la mission qui leur est confiée par l'autorité compétente, soit pour attendre pendant un séjour obligé, le moment de rejoindre leur poste (art. 1er de l'ordonnance du 20 décembre 1837).

Il y a cinq espèces d'indemnités pour frais de route :

1o L'indemnité de route et séjour ;
2o Les avances facultatives en argent ou en effets ;
3o Les frais de poste ;
4o Les fournitures d'effets au compte de l'Etat ;
5o Les secours et avances aux militaires français marchant isolément en pays étrangers.

CHAPITRE Ier — DES INDEMNITÉS DE ROUTE ET DE SÉJOUR.

Les militaires et employés militaires en activité, désignés au tarif qui se trouve à la fin du présent titre, ont droit, d'après les fixations de ce tarif, à une prestation au compte de l'Etat, sous la dénomination *d'indemnité de route,* lorsqu'ils voyagent isolément, soit dans l'intérêt du service, soit pour rentrer dans leurs foyers pour cause d'infirmités, soit pour aller aux hôpitaux, soit enfin, par suite de cessation d'emploi.

La même indemnité est due aux militaires et aux employés militaires en non-activité légalement requis pour un service qui les oblige à s'éloigner temporairement de leur résidence.

L'indemnité de route à pour objet, quand à l'officier et à l'employé militaire, de les mettre à portée de subvenir, conjointement avec leur solde, à la dépense de leur transport et de leur subsistance ; quant au sous-officier ou au soldat, de leur fournir les moyens de pourvoir par eux-mêmes à leur subsistance (3).

L'indemnité de route est due pour les séjours qu'exige indispensablement l'intérêt du service ou une circonstance extraordinaire, reconnue telle par l'autorité compétente (4).

L'allocation de la solde de route, ou celle des frais de poste et autres quelconques de voyage ou de déplacement, exclut le droit à l'indemnité de route.

Toute fourniture diverse en nature emporte la même exclusion (6).

Le militaire ou l'employé militaire qui remplit les fonctions du grade supérieur, n'a droit qu'à l'indemnité de route attribuée au grade dont il est titulaire (7).

Les officiers qui voyagent pour l'exercice de leurs fonctions, dans l'étendue de la circonscription territoriale où stationne la troupe qu'ils commandent, ou dans celle qui est assignée à leur service, ou aux travaux dont ils sont éventuellement chargés, n'ont pas droit à l'indemnité de route (8).

Toutefois, une note ministérielle du 8 février 1842 apporte quelques modifications aux dispositions qui précèdent, elles sont rapportées au tableau des positions (1er sem. 1842, page 80).

Tout militaire qui réclame une allocation en argent ou une fourniture d'effets, ne peut la recevoir, s'il est au point de départ, que sur l'exibition d'un titre régulier délivré par l'autorité compétente ; s'il est en marche, qu'autant qu'il réprésente une feuille de route en bonne forme (15).

Les positions définies au tableau suivant sont, à moins d'une décision spéciale du ministre, fondées sur les principes consacrés ci-devant, les seuls qui, par application des articles 2, 3 et 4 emportent de droit l'allocation de l'indemnité de route.

Elle est simple pour le nombre des étapes parcourues, sauf les quelques cas indiqués aux tableaux qui suivent où elle est double. Elle est payée conformément au tarif.

Pour les journées de séjour elle est toujours simple (art. 16 et instruction du 3 septembre 1830).

TABLEAU DES POSITIONS.

—

OFFICIERS

DES CORPS DE TOUTES ARMES.

TABLEAU DES POSITIONS.

NUMÉROS D'ORDRE.	ACTIVITÉ. — OFFICIERS DE TOUTES ARMES.	INDEMNITÉ.	
		EN MARCHE. Pied sur lequel elle est allouée.	EN SÉJOUR. Temps que l'allocation ne peut excéder.
1	Se rendant à une première destination active (1).............	Simple.	
2	Passant d'une destination active à une autre, pourvu que la mutation ne résulte pas d'une demande formée par eux, soit pour permuter, soit pour changer de corps (2).................	Simple.	
3	Passant de l'état de disponibilité à un service actif et *vice-versâ*..	Simple.	
4	Passant de l'activité à la non-activité pour cause d'infirmités temporaires	Simple.	
5	Les mêmes, porteurs de certificats de visite et contre visite des officiers de santé, contenant la déclaration expresse et motivée qu'ils ne peuvent voyager qu'à petites journées............	Double.	

« L'allocation de la double in-
« demnité ayant donné lieu à des
« abus préjudiciables au trésor, le
« ministre a décidé, les 21 avril
« 1838, et 24 décembre 1839, qu'elle
« ne serait accordée uniquement
« que dans le cas où, pour la gra-
« vité de la maladie et de leurs
« blessures, les officiers seraient
« hors d'état de voyager la nuit,

(1) Les officiers provenant des écoles militaires n'ont droit à l'indemnité que lorsqu'ils se rendent au corps, soit qu'ils partent de l'école ou de leur domicile.

(2) Si l'ordre ou la lettre de service ne motive pas expressément le fait de la demande, l'indemnité est allouée.

TABLEAU DES POSITIONS.

NUMÉRO D'ORDRE.	ACTIVITÉ. — OFFICIERS DE TOUTES ARMES.	INDEMNITÉ.	
		EN MARCHE. Pied sur lequel elle est allouée.	EN SÉJOUR. Temps que l'allocation ne peut excéder.
	« ou contraints indispensablement « à des séjours plus ou moins fré-« quents pendant leur route, et « qu'afin d'arriver à ce but les cer-« tificats de visite et de contre-visite « seraient établis en deux expédi-« tions originales dans lesquelles « on doit relater soigneusement « les causes qui déterminent l'opi-« nion de MM. les officiers de « santé sur ce fait que le titulaire « ne peut voyager qu'à petites « journées. » (1er sem. 1838, p. 441, et 2e sem. 1839, p. 505.)		
6	Passant de l'activité à la non-acti-vité par licenciement, suppres-sion, retrait ou suspension d'em-ploi....	Simple.	
7	Passant de la non-activité à un service actif....	Simple.	
8	Mis en réforme pour causes d'infir-mités incurables....	Simple.	
9	Les mêmes, lorsqu'ils sont porteurs des certificats mentionnés au no d'ordre 5....	Double.	
	« Tout officier qui, étant dans « ses foyers en vertu d'un congé « avec demi-solde, y reçoit l'avis « officiel de sa mise en non-activi-« té pour infirmités incurables, ou « de sa mise en non-activité pour « infirmités temporaires, a droit au « rappel de l'indemnité de route sim-« ple, à raison du trajet qu'il aura « parcouru pour se rendre de son « corps ou de son poste dans ses « foyers, à l'effet d'y attendre qu'il « ait été statué sur la proposition « dont il aura été l'objet à cause « de ses infirmités. « La déchéance est encourue par		

TABLEAU DES POSITIONS.

NUMÉROS D'ORDRE.	ACTIVITÉ. OFFICIERS. DE TOUTES ARMES.	INDEMNITÉ.	
		EN MARCHE. Pied sur lequel elle est allouée.	EN SÉJOUR. Temps que l'allocation ne peut excéder.
	« tout officier dans cette position, « qui aura négligé de réclamer son « indemnité dans le délai de cinq » jours après la réception de l'avis « officiel de sa mise en non-activi-« té. » (1er sem. 1839, p. 347.		
10	Mis en réforme par mesure de dis-cipline.	Simple.	
11	Admis à la retraite.	Double.	
	« La même indemnité est due « aux officiers qui obtiennent des « congés de six mois avec demi-« solde, pour aller dans leurs « foyers attendre leur admission « à la retraite, mais elle ne leur « est payée que dans leurs foyers, « après la réception de l'avis de « la fixation de leur pension. Ils « encourent la même déchéance « que les officiers mis en activité, « s'ils n'ont pas réclamé dans le « délai fixé par le dernier para-« graphe de l'explication du no 9. « (2e sem. 1838, p. 4.)		
12	Voyageant sur l'ordre du ministre ou de toute autre autorité supé-rieure compétente, pour remplir ou exécuter une mission. R. . . .	Simple.	
13	Les mêmes, lorsque l'ordre émane du ministre, d'un officier-géné-ral ou d'un intendant militaire, et qu'en outre il mentionne ex-pressément qu'ils doivent voya-ger par urgence .(1).	Double.	

R. Cette lettre indique que l'in-demnité est aussi due pour le re-tour.

(1) L'indemnité n'est double pour le retour que lorsque l'ordre l'indique.

TABLEAU DES POSITIONS.

NUMÉROS D'ORDRE.	ACTIVITÉ. — OFFICIERS DE TOUTES ARMES.	INDEMNITÉ.	
		EN MARCHE. Pied sur le- quel elle est allouée.	EN SÉJOUR. Temps que l'allo- cation ne peut excéder.
14	Les mêmes, séjournant en route ou à destination d'après l'ordre des mêmes autorités (1)...... « Lorsque l'ordre de voyager par « urgence n'a pas fixé le délai d'ar- « rivée, il doit être calculé sur le parcours de 112 kilom. pr 24 heures (2e sem. 1850, p. 88.)	. . . .	Les séjours fixés par l'ordre.
15	Les mêmes, lorsque leur mission a pour objet d'aller procéder, d'après un itinéraire spécial, aux appels de la réserve dans les cantons ou communes. R.(2)..	Double.	Les séjours fixés par l'itinéraire.
16	Se rendant, soit aux hôpitaux, soit aux frais de l'Etat, ou sur une autorisation spéciale, à leurs frais personnels. R..........	Simple.	

(1) L'ordre doit indiquer la durée du jour qu'exige le service à exécuter ou l'accomplissement de la mission. Si cette formalité n'est pas remplie, l'allocation ne peut avoir lieu qu'après le retour, et sur l'autorisation spéciale de l'intendant, mentionnant le nombre de jours qu'il doit embrasser. Toutefois, les militaires qui accompagnent des recrues, des prisonniers de guerre, un convoi ou une évacuation de malades, et ceux qui sont traités comme isolés, quoique formant détachement, reçoivent l'indemnité sur la simple désignation des séjours, faits par les sous-intendants militaires.

(2) L'indemnité n'est double pour le retour que lorsque l'ordre l'indique.

TABLEAU DES POSITIONS.

NUMÉROS D'ORDRE.	ACTIVITÉ. ——— OFFICIERS DE TOUTES ARMES.	INDEMNITÉ.	
		EN MARCHE. Pied sur lequel elle est allouée.	EN SÉJOUR. Temps que l'allocation ne peut excéder.
17	Les mêmes, lorsqu'ils sont porteurs des certificats mentionnés au numéro d'ordre 5 (1)......	Double.	
18	Evacués d'un hôpital sur un autre.	Simple.	
19	En semestre ou en congé, recevant avant l'expiration de leur permission l'ordre de rejoindre leur corps ou une destination quelconque................	Simple.	
20	Rejoignant, à l'expiration de leur semestre ou congé, la nouvelle destination qui leur est assignée ou celle qu'a reçue leur corps pendant leur absence, mais seulement si le trajet qu'ils ont à faire est plus long que la distance qu'ils auraient eue à franchir pour se rendre à l'ancienne garnison (2)................	Simple.	
21	Ne trouvant plus leur corps dans le lieu désigné comme destination par leur feuille de route (3).	Simple	
22	Partant du lieu où ils tenaient garnison avec leur corps, pour se rendre à la nouvelle destination pour laquelle ce corps est en marche, sans être contraints d'en suivre le mouvement, vu leur état de maladie constaté.....	Simple.	

(1) Le certificat délivré au point de départ n'est pas valable pour le retour.

(2) L'indemnité est due pour le nombre de gîtes excédant la distance du point de départ à l'ancienne garnison.

(3) L'indemnité est due dans c cas, pour la distance à parcourir de l'ancienne garnison à la nouvelle.

TABLEAU DES POSITIONS.

NUMÉROS D'ORDRE.	ACTIVITÉ. OFFICIERS DE TOUTES ARMES.	INDEMNITÉ.	
		EN MARCHE. Pied sur lequel elle est allouée.	EN SÉJOUR. Temps que l'allocation ne peut excéder.
23	Les mêmes, lorsqu'ils sont porteurs des certificats mentionnés au numéro d'ordre 5.........	Double.	
24	Marchant avec leur corps, lorsque, nonobstant leur état de maladie, constaté par visite et contre-visite, ils sont tenus d'en suivre le mouvement, d'après un ordre émané de l'officier-général dans le commandement duquel se trouve le point de départ, et motivé sur l'intérêt du service (1)	Double.	Les séjours du corps.
25	Rejoignant, après être restés en arrière de leur corps d'après un ordre ou pour cause de maladie constatée...............	Simple.	
26	Revenant d'une armée outre-mer d'après un ordre ou par congé de convalescence (2).........	Simple.	
	« L'indemnité n'est pas due au « militaire qui, étant revenu d'une « armée d'outre-mer avec un con- « gé de convalescence, se rend à « une nouvelle destination qu'il a « obtenue dans l'intérieur peu-		

(1) Dans cette position, comme ils n'ont pas droit à la solde de route, ils doivent être munis d'une feuille de route individuelle. Ceux qui, dans la même position, reçoivent les fourrages en argent ou en nature, ne peuvent prétendre qu'à cette solde à l'exclusion de toute autre indemnité de route.

(2) L'indemnité leur est due pour se rendre du port de débarquement au lieu de leur résidence

NUMÉROS D'ORDRE.	ACTIVITÉ. OFFICIERS DE TOUTES ARMES.	INDEMNITÉ.	
		EN MARCHE. Pied sur le- quel elle est allouée.	EN SÉJOUR. Temps que l'allo- cation ne peut excéder.
	« dant la durée de ce congé. Elle « n'est pas due non plus à celui « qui n'a obtenu son congé de con- « valescence qu'après son débar- « quement en France. » (1er sem. 1840, p. 216.) » Elle est due au militaire qui, « après avoir été évacué d'un hô- « pital de l'Algérie, obtient dans « ce dernier établissement un « congé de convalescence. Elle « doit être payée tant pour se ren- « dre dans ses foyers que pour re- « tourner au corps. « (2e sem. 1841, p. 147.)		
27	Revenant d'une armée comme hors d'état de faire un service actif.	Simple.	
28	Les mêmes, lorsqu'ils sont por- teurs des certificats mentionnés au numéro d'ordre 5.	Double.	
29	Rentrant en France après capti- vité, naufrage ou tout autre évé- nement extraordinaire.	Simple.	quinze jours (a).
30	Allant, par autorisation du minis- tre, subir les épreuves d'un con- cours. R.(1). (Voir les positions 6 et 7 à la suite du n° 40.)	Simple.	
31	Appelés au chef-lieu de la divi- sion ou du département pour y recevoir la décoration. R.	Simple.	
32	Mis en liberté après jugement. . .	Simple.	

(1) L'indemnité n'est allouée, pour le retour, que sur certificat authentique constatant l'examen. Dans cette position, les élèves de l'École militaire reçoivent 2 fr. 50 c. par étape ou distance légale.	(a) L'indemnité n'est allouée que sur certificat de l'autorité compétente, constatant le fait.

TABLEAU DES POSITIONS.

NUMÉROS D'ORDRE.	ACTIVITÉ. OFFICIERS DE TOUTES ARMES.	INDEMNITÉ.	
		EN MARCHE. Pied sur le- quel elle est allouée.	EN SÉJOUR. Temps que l'allo- cation ne peut exceder.
33	Appelés à faire partie temporaire-ment, et hors de leur résidence, d'un tribunal militaire. R.....	Simple.	Le jour où finit la mission (a).
34	Appelés à faire partie, hors de leur résidence, d'un conseil d'en-quête. R................	Simple.	Id. (a).
35	Se transportant, comme membres d'un tribunal militaire, sur les lieux où un délit a été commis. R................	Simple.	Le jour où il cesse d'être rete-nu. (a).
36	Appelés, hors de leur résidence, en témoignage devant un tribu-nal civil ou militaire R. (1)...	Simple.	
37	Envoyés devant un conseil d'en-quête hors de leur résidence. R................	Simple.	Le jour du vote du conseil (a).
38	Tenus en séjour dans un port....	Simple.	Huit jours (a).
39	Faisant quarantaine.........	....	Le jour où ex-pire la quaran-taine (a).
40	ÉLÈVES-CHIRURGIENS. Passant d'un hôpital d'instruction à l'hôpital de perfectionnement (2). « Tout sous-officier, caporal, « brigadier ou soldat en activité	Simple.	

(1) L'indemnité n'est due, tant en route qu'en séjour, aux militai-res qui témoignent devant les tri-bunaux civils, que sur la justifica-tion qu'il ne leur en a point été et qu'il ne leur en sera point alloue sur les frais de justice.

(2) L'indemnité de route des élè-ves-chirurgiens est de 2 fr. 50 c. par distance légale.

(a) L'indemnité n'est allouée que sur certificat de l'autorite compétente constatant le fait.

TABLEAU DES POSITIONS.

NUMÉROS D'ORDRE.	ACTIVITÉ. — OFFICIERS DE TOUTES ARMES.	INDEMNITÉ.	
		EN MARCHE. Pied sur lequel elle est allouée.	EN SÉJOUR. Temps que l'allocation ne peut excéder.
	« de service qui est régulièrement « autorisé à aller subir les épreu- « ves d'un concours pour la place « d'élève du service de santé mili- « taire, a droit à l'indemnité de « route affectée à son grade mili- « taire, tant pour l'aller que pour « le retour à son corps ; il a droit « à la même indemnité pour se « rendre à l'hôpital militaire d'ins- « truction, quand il y est admis « en qualité d'élève par décision « ministérielle. « Le jeune soldat immatriculé « dans un dépôt de recrutement, « comme faisant partie d'une classe « rappelée à l'activité, jouit de la » même faveur dans les deux posi- « tions déterminées au paragra- « phe qui précède. » (2e sem. 1842, p. 165.)		
	POSITIONS *Reconnues depuis la publication de l'ordonnance du 20 décembre 1837.*		
1	A tout chef de corps accompagnant (en vertu d'un ordre spécial qui doit rester annexé à la feuille de route) un inspecteur-général hors du département dans lequel est stationnée la portion principale du corps. R.	Simple.	
2	Aux officiers supérieurs, aux capitaines instructeurs, aux chirurgiens-majors et aux vétérinaires en premier des corps de cavalerie allant, en vertu d'ordres spéciaux, approuvés par les maréchaux de camp, faire des tournées dans les		

TABLEAU DES POSITIONS.

NUMÉROS D'ORDRE.	ACTIVITÉ. OFFICIERS DE TOUTES ARMES.	INDEMNITÉ.	
		EN MARCHE. Pied sur lequel elle est allouée.	EN SÉJOUR. Temps que l'allocation ne peut excéder.
	cantonnements, en exécution du septième paragraphe de la décision ministérielle du 24 avril 1841, pourvu toutefois que leur absence dure plus d'un jour. R..	Simple.	
3	Aux commandants des dépôts et des succursales de dépôts de remonte, effectuant les tournées annuelles, dans le cas prévu par l'article 61 du réglement du 23 mars 1837 sur le service de la remonte générale. R.	Simple.	
4	Aux majors et aux officiers comptables de corps qui se déplacent, par ordre supérieur, pour assister aux revues trimestrielles R.	Simple.	
5	Aux officiers du corps royal d'état major chargés d'exécuter des travaux topographiques à une distance de plus de 12 kilomètres de leur résidence. R..	Simple.	
	« Dans les cinq positions qui précèdent, l'indemnité de séjour « n'est jamais allouée. » (1er sem., p. 80.)		
6	Aux officiers proposés par les inspecteurs-généraux pour des emplois d'adjoint de première et de deuxième classe de l'intendance militaire, appelés devant une commission d'examen. R. (2e sem. 1843, p. 163.)	Simple.	
7	Aux officiers de santé allant, en		

TABLEAU DES POSITIONS.

NUMÉROS D'ORDRE.	ACTIVITÉ. — **OFFICIERS** DE TOUTES ARMES.	INDEMNITÉ.	
		EN MARCHE. Pied sur lequel elle est allouée.	EN SÉJOUR. Temps que l'allocation ne peut excéder.
	vertu d'autorisation ministérielle et avec des congés à solde entière, subir des examens pour se faire graduer devant les facultés de médecine, ou se faire recevoir maîtres en pharmacie. R. (1er sem. 1840, p. 15 et 109)........................	Simple.	
8	Aux officiers d'artillerie, aux contrôleurs et réviseurs d'armes allant procéder à l'inspection de l'armement des corps. (2e sem. 1850, p. 91)........................	Double.	

TABLEAU DES POSITIONS.

—

SOUS-OFFICIERS ET SOLDATS

DES CORPS DE TOUTES ARMES.

TABLEAU DES POSITIONS.

NUMÉROS D'ORDRE.	ACTIVITÉ. — SOUS-OFFICIERS ET SOLDATS DE TOUTES ARMES ET GAGISTES.	INDEMNITÉ.	
		EN MARCHE. Lieu sur lequel elle est allouée	EN SÉJOUR. Temps que l'allocation ne peut excéder.
	En principe général, tout militaire ayant droit simultanément à l'indemnité de route et aux convois, qui est transporté par les voitures publiques suspendues, chemins de fer, bateaux à vapeur, etc., doit recevoir la *double indemnité* de son grade pour le nombre de jours qu'il doit passer en voyage, toutes les fois que le trajet franchi est d'au moins trois étapes. Si ce trajet n'est que d'une ou deux étapes, le militaire n'a droit qu'à la simple indemnité (1, 49, 554). Les militaires amputés ont toujours droit à la *double indemnité* (1, 44, 504).		
41	Recrues et remplaçants { Se rendant au lieu de rassemblement.	Simple.	La veille du départ des détachements (a).
42	Se rendant au corps auquel ils sont destinés..............	Simple.	
43	Engagés volontaires. { Se rendant au corps.		
44	Renvoyés comme impropre au service............	Simple.	
45	Passant d'une destination à une autre, pourvu que la mutation ne résulte pas d'une demande formée par eux, soit pour permuter, soit pour changer de corps ou de résidence (1).........	Simple.	
	(a) L'indemnité n'est pas due pour les jours antérieurs au jour de la revue (Voir l'art. 181. (1) Si l'ordre ou la lettre de service ne mentionne pas expressément le fait de la demande, l'indemnité est allouée.		

TABLEAU DES POSITIONS.

NUMÉROS D'ORDRE.	ACTIVITÉ. — S.—OFFICIERS DE TOUTES ARMES.	INDEMNITÉ.	
		EN MARCHE. Pied sur lequel elle est allouée.	EN SÉJOUR Temps que l'allocation ne peut excéder.
46	Congédiés par réforme ou renvoi.	Simple.	
47	Rentrant dans leurs foyers par congé illimité ou définitif	Simple.	
48	Rappelés de la réserve.	Simple.	
49	Admis à la retraite (✱)	Double.	
	« Tout militaire appartenant comme soldat, gendarme, caporal ou brigadier, à une compagnie de sous-officiers vétérans, reçoit, pour se rendre dans ses foyers, la double indemnité de route attribuée au grade selon lequel aura été établie la liquidation de sa pension. (1er sem. 1842, p. 58.)		
50	Voyageant sur l'ordre de l'autorité supérieure compétente, pour exécuter un service militaire. R..	Simple.	
51	Les mêmes, lorsque l'ordre émané d'un officier-général ou d'un intendant-militaire, et qu'en outre il mentionne expressément qu'ils doivent voyager par urgence	Double. (2)	
	« L'ordre qu'ils peuvent recevoir « de voyager par urgence, les oblige « à franchir deux étapes ou dis- « tances légales par jour. » (1er s. 1839, p. 330.)		
52	Les mêmes, séjournant en route ou à destination d'après l'ordre d'un officier-général ou d'un intendant militaire	. . . .	Les séjours fixés par l'ordre.

(✱) Les dispositions du n° 11 leur sont entièrement applicables. (2e sem. 1843, p. 400.)

(2) L'indemnité n'est que simple si les moyens de transport sont fournis.

TABLEAU DES POSITIONS.

NUMÉROS D'ORDRE.	ACTIVITÉ. SOUS-OFFICIERS ET SOLDATS DE TOUTES ARMES ET GAGISTES.	INDEMNITÉ.	
		EN MARCHE. Pied sur lequel elle est allouée.	EN SÉJOUR. Temps que l'allocation ne peut excéder.
53	Les mêmes, lorsque leur mission a pour objet d'aller procéder, d'après un itinéraire spécial aux appels de la réserve dans les cantons ou communes. R. (1).	Double. (b)	
54	Se rendant aux hôpitaux ou aux eaux. R.	Simple.	
55	Évacués d'un hôpital sur un autre.	Simple.	
56	Se rendant par congé temporaire, dans leur famille, à leur sortie de l'hôpital, après avoir été signalés par les officiers de santé, comme ayant un besoin urgent et indispensable de respirer l'air natal (2)	Simple.	
57	En semestre ou en congé, recevant, avant l'expiration de leur permission, l'ordre de rejoindre leur corps ou une destination quelconque.	Simple.	
58	Rejoignant, à l'expiration de leur semestre ou congé, la nouvelle		

(b) L'indemnité n'est que simple si les moyens de transport sont fournis.

(1) Le quatrième paragraphe de l'art. 17, indique sur quelle base doit être décomptée l'indemnité, dans le cas particulier auquel est applicable l'art. 19.

(2) L'allocation n'a lieu qu'à l'égard des militaires que le sous-intendant reconnait, après information, être absolument dépourvus de moyens pécuniaires. Il en est rendu compte au ministre par l'intermédiaire de l'intendant militaire.

TABLEAU DES POSITIONS.

NUMÉROS D'ORDRE.	ACTIVITÉ. — SOUS-OFFICIERS ET SOLDATS DE TOUTES ARMES ET GAGISTES.	INDEMNITÉ.	
		EN MARCHE. Pied sur lequel elle est allouée.	EN SÉJOUR. Temps que l'allocation ne peut excéder.
	destinationqui leur est assignée ou celle qu'a reçu leur corps pendant leur absence, mais seulement si le trajet qu'ils ont à faire est plus long que la distance qu'ils auraient eu à franchir pour se rendre à l'ancienne garnison. (1)	Simple.	
59	Ne trouvant plus leur corps dans le lieu désigné comme destination par leur feuille de route	Simple.	
60	Rejoignant après être restés en arrière de leur corps d'après un ordre ou pour cause de maladie constatée	Simple.	
61	Revenant d'une armée outre-mer, d'après un ordre ou par congé de convalescence (2) R	Simple.	
	« Voir l'explication du n° 26, exactement applicable à l'art. 61. « Voir en outre l'art. 9 des positions « reconnues depuis la publication « de l'ordonnance. »		
62	Renvoyés dans l'intérieur comme hors d'état de faire un service actif	Simple.	
63	Rentrant en France après captivité, naufrage ou tout autre événement extraordinaire	Simple.	
64	Appelés au chef-lieu de la division ou du département pour y recevoir la décoration. R	Simple.	

(1) L'indemnité est due pour le nombre de gîtes excédant la distance du point de départ à l'ancienne garnison.

(2) L'indemnité leur est due pour se rendre du port de débarquement au lieu de leur résidence.

TABLEAU DES POSITIONS.

NUMÉROS D'ORDRE.	ACTIVITÉ. SOUS-OFFICIERS ET SOLDATS DE TOUTES ARMES ET GAGISTES.	INDEMNITÉ.	
		EN MARCHE. Pied sur lequel elle est allouée.	EN SÉJOUR. Temps que l'allocation ne peut excéder.
65	Mis en liberté après jugement...	Simple.	
66	Appelés à faire partie temporairement, et hors de leur résidence, d'un tribunal militaire (sous-offi.)	Simple.	Le jour où finit la mission (*a*).
67	Appelés hors de leur résidence en témoignage devant un tribunal civil ou militaire (1) R........	Simple.	Le jour où il cesse d'être retenu. (*a*).
68	Laissés en arrière de leur corps pour les soins à donner aux chevaux malades...............	- - - - - - - - -	Le temps de séjour obligé.
69	Retenus dans une place pour attendre les moyens de transport.	- - - - - - - - -	La veille du départ.
70	Tenus en séjour dans un port...	- - - - - - - - -	Le jour de l'embarquement.
71	Faisant quarantaine...........	- - - - - - - - -	Le jour où expire la quarantaine (*a*).
72	Déserteurs (y compris les marins). { Graciés ou amnistiés rejoignant un corps.........	Simple.	
73	{ Renvoyés à l'expiration de leur peine.	Simple.	

POSITIONS

Reconnues depuis la publication de l'ordonnance du 20 décembre 1837.

| 1 | Allant, en vertu d'autorisation ré- | | |

(1) L'indemnité n'est due, tant en route qu'en séjour, aux militaires qui témoignent devant les tribunaux civils, que sur la justification qu'il ne leur en a point été et ne leur en sera point allouée sur les frais de justice.

(*a*) L'indemnité n'est allouée que sur la production d'un certificat de l'autorité compétente constatant le fait.

TABLEAU DES POSITIONS.

NUMÉROS D'ORDRE.	ACTIVITÉ. SOUS-OFFICIERS ET SOLDATS DE TOUTES ARMES ᴇᴛ GAGISTES.	INDEMNITÉ.	
		ᴇɴ MARCHE. Pied sur lequel elle est allouée.	ᴇɴ SÉJOUR. Temps que l'allocation ne peut excéder.
	gulière, subir les examens pour être admis à l'École polytechnique ou à l'École spéciale Militaire de Saint-Cyr (1). - - - - - - -	Simple.	
2	Se rendant à l'une ou à l'autre de ces deux Écoles, lorsqu'ils y ont été admis. (2ᵉ sem. 1839, p. 395.)	Simple.	
3	Se rendant au lieu où siège le conseil d'administration et devant le sous-intendant militaire, pour signer leur acte de rengagement. (1ᵉʳ sem, 1840, p. 112.) R - - - - -	Simple.	
4	Rentrant librement à leur corps après avoir subi dans une prison externe, une peine disciplinaire. (1ᵉʳ sem. 1840, p. 211.) - - - - - - -	Simple.	
5	Allant conduire des chevaux de remonte aux corps de troupe à cheval en cas d'insuffisance de l'effectif des détachements régimentaires. (1ᵉʳ sem. 1842, p. 80 et 165.) - - - - - - - - - - -	Simple.	Les séjours du détachement. (a)
6	Nommés à des emplois vacants dans le personnel des gardes forestiers et dans celui des douanes (2). (1ᵉʳ sem. 1842, p. 164) - - - - - - -	Simple.	
7	De la gendarmerie départementale		

(a) Les séjours constatés par l'itinéraire.

(1) L'indemnité est due pour le retour, sur la production d'un certificat constatant qu'ils ont concouru.

(2) L'indemnité est due de leur corps jusqu'à leur nouvelle destination.

NUMÉROS D'ORDRE.	ACTIVITÉ. SOUS-OFFICIERS ET SOLDATS DE TOUTES ARMES ET GAGISTES.	INDEMNITÉ.	
		EN MARCHE. Pied sur lequel elle est allouée.	EN SÉJOUR. Temps que l'allocation ne peut excéder.
	ou de la garde municipale de Paris, se rendant à leur destination, par suite de leur radiation des contrôles, en vertu d'un ordre ministériel, y compris les démissionnaires. (2e sem. 1842, p. 240 ; 1er sem. 1844, p. 170.). . . .	Simple.	
8	Ceux autorisés à rester en Afrique, lors de leur libération du service militaire, conservent pendant deux années, aux conditions déterminées par la décision ministérielle du 21 février 1843, le droit à l'indemnité de route, du port de débarquement dans leurs foyers. (1er sem. 1843, p. 57). . .	Simple.	
9	Ceux en congé provisoire de libération et de semestre, et ceux faisant partie de la réserve proprement dite, reconnus atteints de maladies vénériennes ou cutanées, dirigés sur les hôpitaux civils ou militaires. R. (1er sem. 1843, p. 524.) - - - - - - - - - -	Simple.	
10	Jeunes soldats appelés à l'activité qui obtiennent, par suite de la revue de l'officier-général commandant chaque département des congés de renvoi (1) - - - - - - - - -	Simple.	
11	Les mêmes, dans la même position, obtenant un sursis de départ pour cause de maladies ou infirmités (2) - - - - - - - - - -	Simple.	

(1) L'indemnité leur est due pour le retour dans leurs foyers.

(2) L'indemnité leur est due pour se rendre dans leurs foyers et pour se rendre au chef-lieu pour y passer une nouvelle revue.

TABLEAU DES POSITIONS.

NUMÉROS D'ORDRE.	ACTIVITÉ. SOUS-OFFICIERS ET SOLDATS DE TOUTES ARMES ET GAGISTES.	INDEMNITÉ.	
		EN MARCHE. Pied sur lequel elle est allouée.	EN SÉJOUR. Temps que l'allocation ne peut excéder.
	« Les mêmes, dans la même position, obtenant un sursis de départ pour affaires personnelles, n'ont droit à aucune indemnité. « (1er sem. 1842, p. 148.)		
74	ENFANTS DE TROUPES. Dans les mêmes positions que les sous-officiers et soldats, sauf le cas de leur renvoi, s'il a pour cause le refus de servir à l'âge prescrit..................	Simple.	
75	BLANCHISSEUSES VIVANDIÈRES. Congédiées, ou quittant le corps par suite de réforme, admission à la retraite au décès de leur mari..................	Simple.	
76	Rentrant des prisons de l'ennemi.	Simple.	
	NON-ACTIVITÉ. MILITAIRES ET AUTRES *N'appartenant pas aux cadres constitutifs de l'armée.*		
	MILITAIRES ET EMPLOYÉS MILITAIRES.		
77	Conduisant des recrues ou des prisonniers de guerre, ou escortant un convoi. R..............	Simple.	Les séjours du détachement ou du convoi (a).

(a) L'indemnité n'est allouée que sur certificat de l'autorité compétente constatant le fait.

TABLEAU DES POSITIONS.

NUMÉROS D'ORDRE.	NON-ACTIVITÉ. ——— MILITAIRES ET AUTRES N'APPARTENANT PAS AUX CADRES CONSTITUTIFS DE L'ARMÉE.	INDEMNITÉ.	
		EN MARCHE. Pied sur lequel elle est allouée.	EN SÉJOUR. Temps que l'allocation ne peut excéder.
78	Appelés hors de leur résidence en témoignage devant un tribunal civil ou militaire. R.........	Simple.	Le jour où il cesse d'être retenu (*a*).
79	Envoyés devant un conseil d'enquête hors de leur résidence. R.	Simple.	
	OFFICIERS, SOUS-OFFICIERS ET **SOLDATS INVALIDES** DE LA GUERRE (1).		
80	Passant de leurs corps ou de leurs foyers à l'hôtel des Invalides ou à la succursale (2)............	Double.	
81	Congédiés de l'hôtel ou de la succursale, se retirant dans leurs foyers....................	Double.	
82	Sortant une seconde fois de ces établissements...............	Simple.	
83	Passant de l'hôtel à la succursale et *vice versâ* (3)............	Double.	

(1) Les officiers invalides n'ont droit qu'à l'indemnité du grade sur lequel a été réglée leur pension de retraite.

(2) L'indemnité n'est que simple si les moyens de transport sont fournis.

(3) Dans cette position seulement, ceux qui sont revêtus d'un grade honoraire, reçoivent l'indemnité attribuée à ce grade. L'indemnité n'est que simple si les moyens de transport sont fournis.

(*a*) L'indemnité n'est allouée que sur certificat de l'autorité compétente constatant le fait.

TABLEAU DES POSITIONS.

NUMÉROS D'ORDRE.	NON-ACTIVITÉ. MILITAIRES ET AUTRES N'APPARTENANT PAS AUX CADRES CONSTITUTIFS DE L'ARMÉE.	INDEMNITÉ.	
		EN MARCHE. Pied sur lequel elle est allouée.	EN SÉJOUR. Temps que l'allocation ne peut excéder.
84	Réadmis à l'hôpital ou à la succursale après être rentrés dans leurs foyers	Simple.	
85	Allant aux eaux (1) R	Double.	
86	Appelés hors de leur résidence, en témoignage devant un tribunal militaire. R.	Simple.	Le jour où il cesse d'être retenu (a).
87	Se rendant à la station télégraphique où ils sont employés. R. . . .	Simple.	
	SOUS-OFFICIERS ET SOLDATS DE LA RÉSERVE.		
88	Conduisant des recrues ou des prisonniers de guerre, ou escortant un convoi. R.	Simple.	Les séjours du détachement ou du convoi.
89	Appelés hors de leur résidence en témoignage devant un tribunal militaire. R	Simple.	Le jour où il cesse d'être retenu (a).
	OFFICIERS, SOUS-OFFICIERS ET SOLDATS DE LA GARDE NATIONALE.		
90	Escortant des prisonniers de guerre ou un convoi. R	Simple.	Les séjours du détachement ou du convoi.

(1) L'indemnité n'est que simple si les moyens de transport sont fournis.

(a) L'indemnité n'est allouée que sur certificat de l'autorité compétente constatant le fait.

TABLEAU DES POSITIONS.

NUMÉROS D'ORDRE.	NON-ACTIVITÉ. — MILITAIRES ET AUTRES N'APPARTENANT PAS AUX CADRES CONSTITUTIFS DE L'ARMÉE.	INDEMNITÉ.	
		EN MARCHE.	EN SÉJOUR.
		Pied sur lequel elle est allouée.	Temps que l'allocation ne peut excéder.
	OFFICIERS, SOUS-OFFICIERS ET SOLDATS DE LA GARDE MUNICIPALE DE LA VILLE DE PARIS.		
91	Se déplaçant sur l'ordre du ministre de la guerre. R. . . . . (Voir l'art. 8 des positions reconnues depuis la publication de l'ordonnance.)	Simple.	
	OFFICIERS DE SANTÉ DES HOSPICES CIVILS (1).		
92	Accompagnant une évacuation R.	Simple.	Les séjours de l'évacuation.
93	Requis pour tout autre service militaire exigeant un déplacement R.	Simple.	

(1) L'indemnité est pour tous indistinctement de 2 fr. 50 c. par distance légale ou séjour.

TABLEAU DES POSITIONS.

NUMÉROS D'ORDRE.	NON-ACTIVITÉ. MILITAIRES ET AUTRES N'APPARTENANT PAS AUX CADRES CONSTITUTIFS DE L'ARMÉE.	INDEMNITÉ.	
		EN MARCHE. Pied sur lequel elle est allouée.	EN SÉJOUR. Temps que l'allocation ne peut excéder.
	VEUVES ET ORPHELINS DES **MILITAIRES ET EMPLOYÉS MILITAIRES** (1).		
94	La veuve, ou à son défaut l'enfant unique ou l'aîné des orphelins du défunt, dans le cas seulement où son décès a eu lieu, soit à une armée outre-mer, soit dans les prisons de l'ennemi où ils ont partagé sa captivité (2)	Simple.	
95	Les orphelins du même, voyageant avec leur mère (3)	Simple.	
96	Les orphelins du même, voyageant sans leur mère	Simple.	

(1) L'indemnité est allouée aux veuves et aux orphelins, depuis le lieu de débarquement ou la frontière, jusqu'à destination.

(2) Cette indemnité et celle du grade du militaire décédé.

(3) Chaque orphelin n'a droit qu'à l'indemnité de soldat (2 fr.) excepté l'aîné qui reçoit celle du grade de son père dans le second cas seulement, nᵒ 96.

TABLEAU DES POSITIONS.

NUMÉROS D'ORDRE.	NON-ACTIVITÉ. MILITAIRES ET AUTRES N'APPARTENANT PAS AUX CADRES CONSTITUTIFS DE L'ARMÉE.	INDEMNITÉ.	
		EN MARCHE. Pied sur le-quel elle est allouée.	EN SÉJOUR. Temps que l'allo-cation ne peut excéder.
	INDIVIDUS PRÉSUMÉS DÉSERTEURS.		
97	Mis en liberté (1)	Simple.	
	PRISONNIERS DE GUERRE ET **RÉFUGIÉS MILITAIRES ÉTRANGERS** (2).		
98	Se rendant de la frontière au dépô ou à la résidence qui leur est assi-gnée	Simple.	
99	Allant du dépôt à l'hôpital. R . . .	Simple.	
100	Partant pour rentrer dans leur pa-trie	Simple.	

(1) L'indemnité leur est due pour la distance du lieu de leur déten-tion à celui de l'arrestation.

(2) L'indemnité ne peut être al-louée aux prisonniers et aux réfu-giés que d'après les instructions préalables du ministère de la guerre.

L'indemnité de route est acquise pour chaque distance légale parcourue, ou trajet d'un gîte d'étape à un autre, et pour chaque journée de séjour.

Est réputée distance légale parcourue :

1° Tout trajet de six lieues sur les routes qui ne sont pas lignes d'étapes, y compris le dernier trajet, s'il est de trois lieues au moins ;

2° Tout trajet de trois lieues au moins jusqu'à six, lorsqu'il a pour objet de joindre un premier gîte d'étape ou d'aller du dernier jusqu'à destination ;

3° Tout déplacement exigeant une marche de trois lieues au moins jusqu'à six, pour se rendre au point assigné, ou de six lieues pour y aller et revenir le même jour ;

4° Pour les militaires ou employés militaires remplissant une mission, d'après un itinéraire spécial : Tout trajet de six lieues sur la route tracée par l'itinéraire. Le décompte est établi sur la feuille de route, par le sous-intendant militaire qui la délivre, d'après le nombre total de lieues à parcourir pour l'aller et le retour; si la supputation donne une fraction du diviseur, de trois lieues au moins, cette fraction est comptée comme distance légale. Les séjours sont aussi compris dans le décompte lorsque l'itinéraire les désigne.

5° Pour les militaires ou employés militaires ayant une traversée de mer à faire pour se rendre à destination. Tout trajet de six lieues en mer, par la ligne la plus directe. Cependant, si la traversée entière est de moins de six lieues, elle est comptée comme distance légale. L'indemnité n'est allouée que sur un certificat délivré par le commandant militaire ou le commissaire de l'inscription maritime du port d'embarquement, constatant que le transport n'a pu être effectué par un bâtiment de la marine royale ou un navire nolisé pour le compte de l'État (17).

Les jours d'arrivée et de départ, pendant lesquels un objet de service oblige de stationner dans les localités de la route à parcourir, peuvent, mais seulement d'après les instructions ou l'approbation préalable du ministre, donner lieu à l'allocation cumulative de l'indemnité pour la marche et pour la station, en comptant celle-ci comme une journée de séjour (19) (1).

Il n'est fait aucun rappel d'indemnité au profit du militaire ou de l'employé militaire qui, sans empêchement légitime dûment constaté, n'arrive à destination qu'après l'époque fixée

---

(1) La position définie sous les numéros 15 et 53 (art. 16) offre ce cas du cumul.

par sa feuille de route, ou par l'ordre dont il est porteur s'il voyage par urgence (2).

Toutefois cette disposition n'est applicable à ceux qui rentrent dans leurs foyers pour quelque motif que ce soit, qu'autant qu'ils ne se présentent pas à l'autorité du lieu de leur destination dans le délai d'un mois, à dater du dernier jour de leur itinéraire (20).

L'indemnité qui n'a pas été touchée au point de départ ou pendant la route doit, sous peine de déchéance, être réclamée dans les cinq jours de l'arrivée à destination, au sous-intendant militaire de la place, ou, dans les quinze jours, à celui de la résidence la plus voisine dans la division, s'il n'existe pas d'officier de l'intendance dans la divison (21).

CHAPITRE II. — AVANCES EN ARGENT ET FOURNITURES D'EFFETS.

Les militaires en activité voyageant isolément dans un intérêt de convenance ou d'utilité personnelle, c'est-à-dire pour une cause ne constituant pas le droit à l'indemnité de route, peuvent recevoir, dans un cas d'urgence, et sauf imputation ultérieure sur leur solde ou sur leur masse :

1° Une avance en argent égale à l'indemnité de route de leur grade, pour subvenir aux frais de leur voyage jusqu'à destination ;

2° Une autre avance en effets de petit équipement.

La disposition qui fait l'objet de ce dernier paragraphe s'applique seulement aux sous-officiers et soldats (10).

Les sous-officiers et soldats rentrant dans leurs foyers par congé définitif, réforme ou retraite, et ceux qui, n'appartenant plus à l'activité, sont accidentellement appelés à faire un service militaire, ne peuvent prétendre à aucune fourniture d'effets de petit équipement (11).

Les effets de petit équipement dont la distribution est autorisée, consistent en chemises, souliers et guêtres (12).

Il ne doit être autorisé d'avances en argent, qu'en faveur des militaires qui, n'ayant pas droit à l'indemnité de route, ne pourraient, sans ce secours, se rendre à leur destination.

De fournitures d'effets de petit équipement, que pour les sous-officiers et soldats isolés (y compris les recrues et les enrôlés volontaires) qui sont reconnus en avoir un besoin indispensable pour faire ou continuer leur route, et pour ceux qui, faisant partie d'un détachement, en sont absolument dépourvus (25).

----

(2) Voir le § 14 de l'article 16.

CHAPITRE III. — DU PAIEMENT DES MANDATS.

Les mandats sont payés par les payeurs de département, et, à leur défaut, par les receveurs d'arrondissement ou les percepteurs communaux (36).

Les mandats ne peuvent être payés que par les payeurs, receveurs ou percepteurs qui y sont désignés (37).

Les mandats sont présentés au payeur ou à ses suppléants, et les ordres de fourniture au distributeur, dans le jour même, ou, au plus tard, le lendemain du jour de leur délivrance aux parties prenantes.

Toutefois le délai de présentation à l'acquittement est de dix jours pour les mandats d'indemnité de route dont les titulaires se trouvent dans le lieu de leur destination (39).

Les mandats destinés au paiement du prix des effets délivrés doivent être présentés par le distributeur à la caisse du payeur ou de ses suppléants, dans les cinq jours de leur date (40).

Les mandats présentés à l'acquittement après le terme fixé par les articles 39 et 40, ne peuvent être payés par les agents du trésor qu'à la réquisition du sous-intendant militaire.

Si le retard provient d'une cause indépendante de la volonté du titulaire du mandat, le sous-intendant militaire peut en autoriser le paiement. Dans le cas contraire, il en réfère à l'intendant divisionnaire, qui en prescrit l'acquittement, prononce la déchéance, ou prend les ordres du ministre, si le cas lui paraît le comporter (41).

CHAPITRE IV. — DE L'INDEMNITÉ DE FRAIS DE POSTE.

Les officiers qui reçoivent l'ordre exprès de voyage en poste, ont droit, pour toutes les distances parcourues par cette voie, à une indemnité dite de frais de poste, dont le taux est réglé par le tarif ci-après (1).

Toutefois, cette indemnité n'est due pour le retour, que si l'ordre mentionne expressément qu'il doit s'effectuer en poste. (82.)

L'ordre de voyager en poste ne peut émaner que du ministre de la guerre, des lieutenants-généraux commandants les divisions militaires dûment autorisés par lui, d'un général en chef et de l'intendant d'une armée (83).

Lorsque l'itinéraire n'est pas prescrit, le trajet doit être fait

---

(1) A la condition de franchir 10 kilomètres par heure.

par la route la plus directe, à moins d'indispensabilité légalement constatée (86).

L'indemnité de frais de poste est payée sur ordonnance du ministre, appuyée d'une copie authentique de l'ordre en vertu duquel la partie prenante a voyagé, ainsi que de l'état des distances et des journées de séjour.

Aux armées, le paiement s'effectue sur mandats des intendants militaires (89).

CHAPITRE V. — TARIFS DES INDEMNITÉS DE ROUTE.

SECTION 1re.

Tarif de l'indemnité de route par étape ou distance légale et par journée de séjour.

	f.	c.
Capitaine, de toutes armes	3	»
Lieutenant et sous-lieutenant, *idem*	2	50
Adjudant sous-officier	1	50
Sergent-major ou maréchal-des-logis chef	1	25
Sergent ou maréchal-des-logis et fourrier	1	25
Caporal ou brigadier	1	»
Brigadier élève fourrier	1	»
Soldat	1	»
Chef artificier des régiments d'artillerie	1	25
Artificier, dans les régiments d'artillerie	1	»
Ouvrier en fer et en bois, d'artillerie	1	»
Maître constructeur dans les pontonniers	1	25
Maître ouvrier, ouvrier apprenti, dans les compagnies d'ouvriers d'artillerie	1	»
Artificier ou maître ouvrier, maître ouvrier et ouvrier des régiments du génie	1	»
Vétérinaires principaux et en premier	2	50
Aide et sous-aide vétérinaire	1	50
Tambour-major et maréchal-des-logis trompette	1	25
Tambour-maître, caporal-tambour, caporal clairon, brigadier-trompette et musicien instrumentiste	1	»
Maîtres ouvriers des corps	1	25
Enfants de troupes	1	»
Blanchisseuses-vivandières	1	»

Nota. Le soldat, gendarme, caporal ou brigadier appartenant à un corps de sous-officiers vétérans, admis à la retraite, reçoit pour se rendre dans ses foyers, la double indemnité de route du grade selon lequel sa pension est liquidée (1er sem. 1842, p. 88).

SECTION II.

Tarif de l'indemnité de route des marins et des équipages de ligne.

Premier maître de manœuvre, de canonnage et de timonerie de 1re ou de 2e classe...............	2f.50c.	
Maître de charpentage, de calfatage et de voilerie, de 1re ou de 2e classe...........................	2	50
Capitaine d'arme, de 1re ou de 2e classe..........	2	50
Maître armurier-forgeron, de 1re ou de 2e classe.....	2	50
Second maître de manœuvre, de canonnage et de timonerie, de 1re ou de 2e classe...............	1	50
Second maître de charpentage, de calfatage et de voilerie, de 1re ou de 2e classe...................	1	50
Capitaine d'arme de 3e classe.....................	1	50
Fourrier de 1re ou de 2e classe....................	1	50
Quartier-maître de manœuvre, de canonnage et de timonerie, de 1re ou de 2e classe.................	1	»
Quartier-maître ou aide de charpentage, de calfatage et de voilerie, de 1re ou de 2e classe.............	1	»
Matelots de 1re, 2e ou 3e classe...................	1	»
Ouvriers de professions maritimes.................	1	»
Apprentis marins...............................	1	»
Mousses.......................................	1	»

Nota. Ce tarif est extrait de l'ordonnance du 11 octobre 1836, sur l'organisation des équipages de ligne, et la décision du 12 mai 1839.

SECTION III.

Tarif de l'indemnité de frais de poste.
(Pour chaque poste.)

Tout officier ou employé militaire.................	5f.	»
Aide-de-camp du ministre de la guerre et officier de son état-major, en mission extraordinaire........	7	50

TITRE II. — DES CONVOIS MILITAIRES ET DE LA DÉLIVRANCE DES FEUILLES DE ROUTE.

Idée générale du service.

Le service des convois militaires consiste à transporter sur les lignes d'étape et sur tous les points qui y correspondent dans l'intérieur du royaume, les hommes voyageant en troupe ou isolément, ainsi que les menus bagages des corps et détachements (art. 1er du règlement du 31 décembre 1825).

Les militaires et les marins, blessés, infirmes, malades ou convalescents, voyageant isolément ou évacués d'un hôpital sur un autre, doivent être transportés par voitures publiques suspendues, chemins de fer ou bateaux à vapeur (2, 50, 108).

Objet du service.

Les fournitures de convois ordonnées par la voie de terre se font, soit d'un gîte d'étape à un autre dans les cas ordinaires, soit éventuellement d'un point quelconque à l'un de ces gîtes, et *vice versâ*, quelle que soit la distance à parcourir dans l'un comme dans l'autre cas (art. 2).

Ces fournitures concernent plusieurs départements ministériels, et leur objet est de transporter au compte de la guerre :

1o Les effets d'un usage journalier, ainsi que la caisse, les papiers et les hommes éclopés ou convalescents des corps et détachements en marche dans l'intérieur;

2o Les effets et les hommes éclopés des détachements de recrues, et des prisonniers de guerre étrangers;

3o Les militaires blessés, infirmes et convalescents, voyageant isolément ou évacués d'un hôpital sur un autre, ainsi que les femmes et les enfants de troupe des militaires rentrant des colonies ou des prisons de l'ennemi.

Nature et fixation des fournitures.

Les fournitures de convois consistent en voitures à un ou deux colliers.

Le poids ou le nombre d'hommes à transporter sur chaque voiture, avec leurs sacs ou porte-manteaux, est fixé, au *maximum*, à :

500 kil. ou de 1 à 4 hommes pour chaque voiture à un collier, et 800 kil. ou de 5 à 7 h. pour chaque voiture à deux colliers.

Le poids à transporter sur chaque cheval ou mulet de bât est fixé, au *maximum*, à 125 kilogrammes.

Il doit être compté une place entière pour chaque enfant de troupe âgé de 12 ans et plus;

Une place pour deux enfants âgés de moins de 12 ans, et deux places pour quatre enfants du même âge (2, 50, 100).

Réunion des militaires et marins.

Les militaires et les marins voyageant librement, sont réunis et transportés par les voitures publiques suspendues, chemins de fer, bateaux à vapeur, etc. Le transport par les voitures publiques suspendues s'effectue d'une résidence de sous-intendant militaire à une autre, distante d'environ 100 kilom. Celui par les chemins de fer ou bateaux à vapeur pourra s'effectuer du point de départ, résidence du sous-intendant militaire, jusqu'à destination ou jusqu'à la résidence du sous-intendant militaire où cesse la voie de fer ou d'eau (1, 49, 557).

Ceux des détenus sont également réunis et transportés ensemble, sur des voitures distinctes (9).

Fournitures à allouer aux corps et détachements.

Les fournitures de convois militaires à allouer aux détachements de troupes de toutes armes ne peuvent dépasser les proportions ci-après, savoir :

De 25 à 149 hommes. — Une voiture à un collier.
De 150 à 374 hommes. — Une voiture à deux colliers.
De 375 à 499 hommes. — Deux voitures à un collier.
De 500 à 624 hommes. — Une voiture à deux et une voiture à un collier.
De 625 à 874 hommes. — Deux voitures à deux colliers.
De 875 à 999 hommes. — Une voiture à deux et deux voitures à un collier.
De 1000 à 1124 hommes. — Deux voitures à deux et une voiture à un collier.

Et ainsi de suite, selon l'effectif, en ajoutant un collier par 125 hommes.

Les détachements de 25 hommes, commandés par un officier, n'ont pas droit aux fournitures de convois.

Il est accordé une voiture à un collier seulement pour le transport de la caisse et des papiers par régiment, comme par bataillon, ou escadron, ou compagnie formant corps (2, 49, 536).

Cas de réduction des fournitures.

Tout détachement qui, après avoir été primitivement composé de vingt-cinq hommes, se trouve réduit à un nombre inférieur pendant sa marche, continue de recevoir des fournitures de convois jusqu'à sa destination, comme s'il avait toujours conservé son effectif (20).

Conversion des voitures en chevaux de selle et de bât.

Dans les pays de montagne, où il y a impossibilité absolue de se servir de voitures, les convois sont exécutés en partie par des chevaux de bât, ou à dos de mulet, à raison de 123 kilogrammes pour la charge de chaque bête de somme, et en partie par des chevaux de selle ; de manière qu'il est fourni :

Au lieu d'une voiture à 2 colliers, 3 chevaux de selle et 2 de bât ;

Au lieu d'une voiture à 1 collier, 2 chevaux de selle et 1 de bât (23).

Suppléments de convois de gré à gré.

Les corps entiers ou détachements, pour lesquels les quantités de chevaux ou de voitures allouées seraient insuffisantes, peuvent se procurer un supplément de fourniture en traitant de gré à gré, soit avec le préposé, soit avec d'autres voituriers. Ce supplément n'est toutefois accordé que d'après la demande écrite du commandant des corps ou du détachement, et sur l'autorisation expresse du sous-intendant militaire ou du fonctionnaire qui le remplace (24).

Dans aucun cas et sous aucun prétexte, les officiers voyageant en troupe ou isolément, ne doivent exiger des chevaux ni des voitures au compte de l'État, mais ils peuvent s'en procurer en traitant de gré à gré avec les préposés ou autres, conformément à l'article ci-dessus (25).

Toute fourniture faite de gré à gré à un corps ou détachement, ou à des officiers, dans les cas prévus ci-dessus, doit être payée comptant, avant le départ, sous la responsabilité du chef de la troupe ou des officiers isolés.

Dans aucun cas, la dépense résultant de cette fourniture ne peut être à la charge de l'État (26).

Tout corps ou détachement de troupe qui se met en marche, est tenu d'emmener avec lui les militaires blessés ou infirmes qui peuvent faire la route en voiture.

Il est expressément défendu de laisser, dans les hôpitaux des lieux de départ ou de passage, aucun homme éclopé, qui, n'ayant pas un besoin indispensable d'être traité dans cet établissement, en serait renvoyé immédiatement après son entrée.

Toute fourniture de convoi, faite par suite d'une contravention à cette disposition, devient l'objet d'une retenue sur la solde du chef du corps ou du détachement (28).

Militaires isolés. — *Positions qui leur donnent droit aux convois.*

Les positions dans lesquelles les militaires isolés ont droit aux convois, sont déterminées ci-après, savoir :

1° Allant aux hôpitaux ou en revenant (1);

2° Faisant partie d'un détachement éloigné de plus d'une journée de marche, et appelés à l'infirmerie du corps pour y être traités ;

3° Congédiés avec ou sans solde de retraite se retirant dans leurs foyers ;

4° Allant en congé de convalescence, en congé ou en revenant ;

5° Passant d'un corps dans un autre ;

6° Acquittés par jugement et retournant à leur corps ;

7° Appelés en témoignage et retournant à leur corps ;

8° Revenant des colonies et des prisons de guerre, se rendant, soit dans ses foyers, soit dans le lieu de la destination qui lui est assignée ;

9° Évacués d'un hôpital sur un autre ;

10° Tombés malades en route et dirigés sur l'hôpital le plus proche.

Les militaires placés dans l'une de ces positions, sont transportés à cheval ou en voiture, selon la circonstance ou la nature de leurs infirmités ; mais les hommes escortés par la gendarmerie reçoivent des fournitures particulières (29).

Le militaire isolé doit produire, indépendamment de sa feuille de route, un certificat de visite, pour justifier de ses droits à des moyens de transport (42).

Ordres de mouvement et feuilles de route.

Tout corps ou détachement mis en marche sur l'ordre du ministre de la guerre, est porteur de cet ordre, qui s'appelle *ordre de mouvement* (34).

Quand une troupe, qui doit être mise en marche, n'a pas reçu d'ordre de mouvement émané du ministre de la guerre, il lui est expédié une feuille de route collective (35).

Tout militaire isolé, quelque soit son grade, qui doit exécuter un mouvement quelconque, doit être muni d'une feuille de route individuelle et nominative (36).

La feuille de route d'un militaire isolé ne doit être délivrée que sur la présentation d'un titre légal, qui est :

L'ordre d'un commandant militaire, le congé ou le billet d'hôpital, si cet homme est militaire ;

Un billet d'hôpital, un congé limité ou autre, un ordre de

---

(1) Les moyens de transport par diligences et chemins de fer seront accordés indistinctement à tous les militaires sortant des hôpitaux, allant aux eaux, en congé de convalescence ou en congé de réforme (1, 52, 480).

service, une commission, un brevet ou tout autre acte, qui n'est point une feuille de route, ne peut tenir lieu de celle-ci, ni *servir d'itinéraire* (37).

Fonctionnaires autorisés à délivrer des feuilles de route.

Toute feuille nécessaire, soit à un corps ou détachement, soit à un militaire isolé, doit être délivrée par le sous-intendant militaire, dans chaque place où il en réside. Dans toute autre place, en cas d'absence, il est suppléé pour cet objet, par les fonctionnaires, et dans l'ordre ci-après indiqué :

1° Les majors de place, dans une place de guerre de première classe ;

2° Le commandant de place dans toute autre place de guerre ;

3° Les conseillers de préfecture délégués par le préfet, dans un chef-lieu de département ;

4° Le sous-préfet, dans un chef-lieu d'arrondissement ;

5° Enfin les maires, partout ailleurs que dans ces quatre résidences (58).

La feuille de route délivrée par un des quatre premiers suppléants, ne vaut que jusqu'à la résidence la plus voisine d'un sous-intendant militaire, sur la ligne à suivre. Les mandats de toutes espèces sont aussi limités à cette résidence (58) (1).

Le maire ne délivre à chaque militaire isolé, partant en premier lieu de sa résidence, qu'un sauf-conduit, qui lui tient lieu de feuille de route jusqu'au chef-lieu d'arrondissement ou de département le plus voisin, toujours sur la ligne à suivre (50).

Tout ordre de fourniture délivré par le maire n'a d'effet que dans sa résidence, il doit être renouvelé dans chaque gîte (59).

Titres donnant droit aux convois.

L'ordre de mouvement ou la feuille de route d'un corps ou d'un détachement, lui suffit pour obtenir l'allocation des convois militaires à laquelle son effectif ou sa composition peut lui donner droit dans chaque gîte (42) (2).

Le militaire isolé doit produire, indépendamment de sa feuille

---

(1) Par modification à l'article 38 du réglement du 31 décembre 1823, les majors et commandants de place, les conseillers de préfecture et les sous-préfets sont autorisés à établir des feuilles de route valables *jusqu'à destination* pour les *sous-officiers et soldats* dont le point de départ se trouve dans l'arrondissement du suppléant, *lorsqu'ils devront être transportés par les diligences, chemins de fer et bateaux à vapeur* (1, 52, 982).

(2) Les militaires qui doivent voyager isolément ne doivent jamais partir que munis d'une feuille de route complètement régulière et ne présentant aucune lacune (2, 51, 284).

de route, un certificat de visite pour justifier de ses droits à des moyens de transport (42).

Tout homme ayant droit aux convois et partant seul, reçoit le cheval de selle comme moins onéreux que la voiture.

Il est fait exception à cette règle à l'égard du militaire ou marin escorté, lequel est toujours transporté en voiture, même quand il est seul, sauf le cas d'impossibilité (47).

Fournitures accidentelles.

Tout corps ou détachement de troupe partant d'une commune qui n'est pas gîte d'étape, doit recevoir les moyens de transport qui leur sont dus. À défaut de sous-intendant militaire ou de suppléant, cette fourniture est faite sur l'ordre du maire du point de départ, d'après l'invitation écrite du chef du corps ou du détachement, et sous sa responsabilité. Cet ordre est renouvelé dans chaque gîte par le maire, jusqu'à la résidence la plus voisine d'un des suppléants désignés ci-dessus (61).

Dans les places de garnison ainsi que dans les communes frontières de France où il ne réside ni sous-intendant militaire, ni aucun de ces quatre premiers suppléants, chaque fourniture de convois est faite sur l'ordre du maire, mais seulement aux parties prenantes, appartenant à la garnison, ou à celles qui entrent sur le territoire du royaume, ou enfin à celles qui passent d'un point de la frontière à un autre. Cet ordre est renouvelé aussi dans chaque gîte par le maire, mais seulement jusqu'au chef-lieu d'arrondissement ou de département le plus voisin (62).

Tout sous-officier ou soldat qui tombe malade en route, dans une commune où il ne réside aucun autre suppléant que le maire, doit être transporté sur-le-champ, d'après la visite de l'officier de santé, à l'hôpital militaire ou civil le plus voisin, sur la route qu'il doit suivre.

Les cas prévus ci-dessus sont les seuls où des fournitures accidentelles de convois militaires puissent avoir lieu sur les ordres des maires (63 et 64).

Remise des ordres de convois aux préposés.

Chaque mandat ou ordre de fourniture est porté au préposé par la partie prenante, la veille de son départ, autant que faire se peut.

Quand il s'agit d'une fourniture à faire à un corps entier, le préposé est, autant que possible, prévenu plusieurs jours d'avance, par un avis spécial du sous-intendant (66).

Heures du départ des convois.

Du premier octobre au premier avril, les fournitures ordi-

naires ne peuvent être exigées des préposés avant six heures ni
après huit heures du matin, et pendant les six autres mois de
l'année, elles ne peuvent l'être avant quatre heures, ni après
neuf heures aussi du matin.

Néanmoins, dans les cas imprévus et urgents, les préposés
sont tenus d'exécuter les transports ordonnés (84).

Police de service.

Il est expressément défendu à tous officiers, sous-officiers et
soldats, voyageant en troupe ou en détachement, de surcharger
les voitures, d'excéder ou surmener les chevaux, de maltraiter
les conducteurs, de menacer ou injurier les fonctionnaires publics, non plus que les préposés au service (139).

Il est également défendu de s'emparer pour ajouter aux voitures, d'aucun cheval travaillant à la campagne, ou passant sur
la route (139).

Le commandant du corps ou détachement est chargé, sur sa
responsabilité, de réprimer tous les excès ou abus qui pourraient
se commettre, et d'en punir les auteurs (139).

Les militaires auxquels il est accordé des moyens de transport, ne peuvent ni s'arrêter ni s'écarter de la route, ni forcer
les préposés à doubler la station, ou même à accélérer leur
marche (140).

Refus de transport.

Tout transport est refusé par le maire au militaire qui, sans
motif légitime, ne se présente pas au préposé, le jour fixé par
son mandat pour l'exécution de la fourniture et à l'heure convenable (141).

Semblable refus est fait au militaire qui déclare avoir perdu,
soit le certificat d'infirmité qui doit être annexé à sa feuille de
route, soit les mandats qui lui ont été délivrés (142).

Néanmoins, si le militaire paraît être réellement hors d'état
de continuer sa route à pied, il est soumis à la visite d'un
officier de santé, et conduit à l'hôpital le plus voisin sur sa
route (142).

Rachats de fournitures.

Les rachats de fournitures sont expressément défendus; tout
militaire qui a reçu de l'argent en remplacement d'une fourniture ordonnée, est privé du transport pour le reste de la route.
Cette fraude est toujours constante, quand un militaire qui a
reçu une fourniture est rencontré faisant route à pied, sans
être précédé ni suivi de la voiture ou du cheval destiné à son
transport.

Il est enjoint à cet effet à la gendarmerie de se faire représenter les feuilles de route des sous-officiers et soldats marchant

isolément, ainsi que les mandats de fournitures, dont les conducteurs de convois doivent être pourvus (143 et 144).

Lorsqu'un militaire auquel il a été accordé un transport, est rencontré faisant route à pied, il est conduit par devant le commandant de la gendarmerie de la résidence la plus prochaine, qui lui retire les mandats dont il se trouve porteur, et inscrit sur sa feuille de route qu'il doit être privé du transport (145).

Femmes et enfants de troupe.

Les femmes et enfants des militaires rentrant, avec ou sans eux, des colonies ou des prisons de l'ennemi ont droit aux moyens de transport, mais les enfants au-dessous de douze ans n'y participent que pour une demi-place, à moins qu'ils ne voyagent seuls (page 499 du 2e sem. 1823).

TITRE III. — DES TRANSPORTS DIRECTS.

Notions préliminaires.

Le service des transports généraux est chargé de pourvoir aux transports des différents objets matériels de la guerre et des effets militaires autres que ceux qui se transportent à la suite des troupes par les convois.

Les objets matériels et effets militaires à transporter par le service des transports directs sont :

1º Les gros bagages des corps y compris ceux des officiers (2, 52, 417).

2º Les objets qui dépendent du matériel de l'artillerie, du génie et des équipages militaires;

3º Les objets et effets qui dépendent des divers services administratifs, y compris ceux des subsistances (2, 52, 418).

CHAPITRE Ier. — ORDRES DE TRANSPORT.

Les transports sont exécutés en vertu d'ordres donnés d'après ceux du ministre de la guerre, par les intendants et sous-intendants militaires, et leurs suppléants (2, 52, 418), sur les demandes qui leur sont adressées par les conseils d'administration des corps ou les chefs de détachements.

Ces demandes ne doivent être adressées que lorsque les effets peuvent être livrés immédiatement au préposé.

CHAPITRE II. — ENCAISSAGE DES OBJETS A TRANSPORTER.

Les objets à transporter sont encaissés ou emballés par les soins du corps. Si les colis ne sont pas convenablement conditionnés, le préposé a la faculté de les refuser et d'exiger qu'ils reçoivent le degré de solidité nécessaire pour assurer la conservation des effets qu'ils renferment.

Toute contestation qui s'élève à ce sujet est jugée par le fonctionnaire chargé de dresser le procès-verbal de pesée.

Les caisses pour armes, à transporter vides, sont démontées et mises en paquets.

Le poids de chaque colis est indéterminé quand le transport est exécuté par le roulage ; mais il ne peut excéder 75 kilogrammes lorsque, pendant tout ou partie de la route, le transport doit être fait à dos de mulets.

CHAPITRE III. — PESÉE DES OBJETS.

L'expéditeur fournit les hommes nécessaires pour la pesée ; le préposé du service fournit les poids, les balances, et supporte en outre tous les frais accessoires de la pesée.

Le poids des objets est constaté par un procès-verbal de pesée que dresse le sous-intendant militaire ou son suppléant, en présence de l'expéditeur et du préposé des transports, et que ces derniers signent avec lui.

CHAPITRE IV. — GROS BAGAGES ET EFFETS DES CORPS.

Les gros bagages et effets des corps à expédier aux frais de l'État, par les transports directs, sont :

1° Les matières destinées pour les confections, ainsi que les effets d'habillement, de grand et petit équipement, de harnachement et d'armement, dont l'existence est constatée par les écritures du corps ;

2° Les effets de compagnies, tels qu'ils sont spécifiés dans les deux ordonnances du 2 novembre 1833 (art. 337 pour l'infanterie et 400 pour la cavalerie), et qui, n'étant pas nécessaires en route, n'auraient pu être chargés sur les convois ;

3° Les débris qui proviennent d'effets vieux et qui sont conservés pour les réparations ;

4° Les manteaux, les secondes paires de bottes, ainsi que les effets de pansage, fusils, mousquetons, pistolets et cuirasses des cavaliers non montés au moment du départ ;

5° Les effets et armes des hommes en semestre, en congé, en remonte, aux hôpitaux, en état de désertion, en jugement, etc.

6° Le harnachement des chevaux malades ou blessés, et qui,

au moment du départ, ne pourraient être sellés; le sous-intendant ou son suppléant, assisté d'un artiste vétérinaire, vérifie, lors de la revue de départ, la situation de ces chevaux, et indique leur effectif dans la revue et le procès-verbal de pesée;

7° Les pièces d'armes dont les corps doivent être pourvus, aux termes de l'ordonnance du 30 mars 1822, et dont l'existence est prouvée par le registre spécial des recettes et consommations;

8° La caisse principale de chirurgie, celle du vétérinaire, ainsi que les objets de l'infirmerie, sauf les articles les plus usuels en route, lesquels sont placés sur les voitures des convois;

9° Les toises pour les hommes et les chevaux;

10° Les archives qui n'auraient pas atteint l'époque du versement au domaine, ou qui n'auraient pu être chargés sur les voitures de convois;

11° *Le Bulletin des Lois, le Journal militaire* et la bibliothèque régimentaire, ainsi que celle des officiers;

12° Les objets destinés aux écoles régimentaires;

13° Les effets de manége, de la salle d'escrime et de la salle de musique;

14° Les outils dont les maîtres ouvriers doivent être pourvus pour l'exercice de leur profession; mais seulement jusqu'à concurrence du poids déterminé par l'article 28 du réglement du 1er janvier 1824;

15° L'habit de petite tenue des sous-officiers, la veste d'ordonnance ou d'écurie, et le pantalon de grande tenue du tambour-major (1er sem. 32, p. 46).

Sont exceptés des objets à expédier par les transports directs ceux qui ne sont pas dénommés ci-dessus, et notamment :

1° Les matières qui auraient dû être confectionnées avant le départ de la troupe;

2° Les effets dont l'existence dans les magasins du corps ne serait pas constatée par les registres de comptabilité;

3° Les objets qui, étant à réformer ou hors de service, ne sont point réservés pour les réparations;

4° Les effets de harnachement que doivent emporter les détachements allant en remonte;

5° Les objets qui n'appartiennent point à l'État, sauf les outils des maîtres ouvriers (réglement du 1er janvier 1824);

6° Les cartouches et les munitions d'exercice que le corps n'aurait point consommées, et qui, avant son départ, doivent être versées dans les magasins de l'artillerie (2e s. 27, p. 389).

Les gros bagages des corps, dans leurs changements de garnisons, doivent toujours être expédiés par la voie dite d'*urgence* (1er sem. 31, p. 25, et 2e sem. 1841, p. 121).

CHAPITRE V. — RECONNAISSANCE ET RÉCEPTION DU MATÉRIEL
A L'ARRIVÉE A DESTINATION.

A l'arrivée du matériel à destination, il en est fait une reconnaissance, en présence de l'agent de la compagnie ou du voiturier et cela sans désemparer.

En l'absence du voiturier, et de l'agent duement appelé, l'opération a lieu en présence d'un expert désigné d'office par le maire, sur la demande du sous-intendant ou son suppléant.

Si la reconnaissance est retardée par des motifs indépendant de la volonté du voiturier ou de l'agent de la compagnie, celui-ci en fait la déclaration au sous-intendant militaire ou à son suppléant légal, et il peut être fixé en faveur du voiturier, une indemnité pour chaque jour de retard.

Si les effets sont arrivés en nombre et en bon état, il en est donné récépissé au bas de l'ordre de transport ; dans le cas contraire, il est dressé par le sous-intendant militaire ou son suppléant légal, un procès-verbal constatant les pertes ou avaries reconnues.

Ce procès-verbal, que signent le destinataire et l'agent ou le préposé de la compagnie, indique à la charge de qui devra être mis le montant des pertes ou avaries constatées (2e sem. 1852, p. 429).

Les compagnies sont responsables :

1° Des pertes résultant des soustractions commises, dans ses magasins ou en route, par la négligence de préposés ou voituriers ;

2° Des avaries provenant de l'humidité des magasins dans lesquels elle a entreposé les effets, ou de la pluie à laquelle ils ont été exposés pendant le transport, faute d'avoir été suffisamment abrités, et de toute autre cause jugée être du fait ou de la négligence de préposés voituriers et autres, etc. (2e sem. 1852, p. 450).

—

TITRE IV. — DES HÔPITAUX.

Cas généraux d'admission.

Tous les militaires et autres individus considérés comme tels, qui jouissent d'une solde d'activité, sont, en cas de maladie, admis dans les hôpitaux militaires, au compte du département de la guerre (art. 638 du réglement du 1er avril 1831).

Sont aussi admis dans les hôpitaux, au compte du département de la guerre, en cas de maladie :

1o Les officiers percevant un traitement de réforme, lorsqu'ils sont atteints d'infirmités graves résultant des fatigues de la guerre, qui nécessitent de grandes opérations chirurgicales, mais sous les conditions exprimées en l'article suivant ;

2o Les militaires congédiés ou licenciés sans traitement, qui tombent malades en se rendant dans leurs foyers, pourvu qu'ils soient dans la direction et les délais prescrits par leur feuille de route ;

3o Les militaires en congé illimité et ceux faisant partie de la réserve, lorsqu'ils justifient, par l'autorité locale, qu'ils sont hors d'état de se faire traiter à leurs frais. Sont admis à cette faveur ceux atteints de maladie vénérienne (art. 639) et 1er sem. 1842, p. 252.

Les militaires jouissant d'un traitement de réforme ou d'une pension de retraite ne sont admis dans les hôpitaux militaires que sur les propositions des intendants militaires, approuvées par le ministre, ou, en cas d'urgence, d'après l'autorisation des intendants et sous-intendants militaires.

Il en est de même des militaires en congé illimité sans solde, sans que cette faculté puisse s'étendre au-delà du terme auquel ces militaires auraient terminé leur temps de service (640).

Conditions d'admission.

Les militaires jouissant d'un traitement de réforme ou d'une pension de retraite, admis dans les hôpitaux militaires ou civils au compte du département de la guerre, subissent, pour chaque journée de traitement, une retenue basée sur le traitement dont ils jouissent, ou de celle de la totalité de leur traitement, s'il ne s'élève pas au-delà de la retenue (642).

Des Entrées.

Les militaires malades ou blessés ne sont reçus dans les hôpitaux militaires qu'après avoir été visité par un officier de santé militaire (647).

Les militaires isolés sont visités par un officier de santé militaire ou civil, en vertu de l'ordre du sous-intendant militaire (650)

Les billets d'entrée sont délivrés par les officiers de santé qui ont reconnu l'état des malades; ils sont en outre signés, savoir:

1o Pour les individus appartenant aux corps de troupe, par l'officier commandant la compagnie et par le trésorier ou l'officier payeur;

2° Pour les militaires isolés, par le commandant de la place, ou, à son défaut, par l'officier de gendarmerie.

Toutefois, des militaires malades ou blessés, ayant besoin de secours urgents, peuvent être reçus dans les hôpitaux sans billets d'entrée; mais, dans ce cas, le comptable en fait établir un provisoire, qu'il fait signer par le chirurgien de garde, et qu'il soumet au visa du sous-intendant militaire. Ce billet provisoire doit être remplacé le plus tôt possible par un billet d'entrée régulier.

Le billet doit présenter entre autres indications :

1° Les nom, prénoms et surnom du malade ;

2° Son grade ou son emploi, et, pour les hommes de troupe, le numéro du contrôle annuel et celui du registre matricule du corps ;

3° Le corps dont il fait partie ;

4° La date de sa naissance ;

5° Le lieu de la naissance et le département ;

6° Les noms et résidences de ses père et mère ;

7° La destination qu'il doit recevoir après guérison ;

8° Le détail des effets d'habillement, d'équipement et d'armement, dont le malade entrant est porteur, doit être soigneusement inscrit au dos du billet d'entrée (631).

Les billets d'entrée doivent être remplis d'une écriture lisible, sans rature ni surcharge, et les dates doivent y être portées en toutes lettres. Tous les billets d'entrée sont soumis au visa du sous-intendant militaire (633).

Le malade entrant à l'hôpital y fait le dépôt de tous les effets et objets dont il est porteur, à l'exception des mouchoirs et des gilets d'uniforme, qu'on peut laisser aux malades lorsqu'ils demandent à les garder (663).

Le malade reçoit un bonnet de laine, une coiffe, une chemise, une cravate, un pantalon et une paire de pantoufles (664).

Si le malade a de l'argent ou des bijoux, il doit en faire le dépôt sur un reçu particulier qui lui est délivré (662).

Lorsqu'un militaire traité dans les hôpitaux exprime la volonté de faire des dispositions testamentaires, l'officier d'administration comptable est tenu de lui procurer les moyens d'établir d'une manière régulière les actes spécifiés au chap. 2, titre 2, livre 3 du Code civil (725).

Discipline et surveillance.

Tout militaire malade ou blessé, traité dans un hôpital militaire, est sous la police du sous-intendant militaire. Il doit, en outre, obéir aux injonctions qui lui sont faites par les officiers de santé et les officiers d'administration, en tout ce qui concerne son traitement et le bon ordre de l'établissement (885).

Il est enjoint aux militaires malades de traiter les infirmiers avec douceur, et de ne jamais les injurier, lors même qu'ils auraient à se plaindre de leur service. Ils doivent, dans ce cas, en instruire le comptable, qui punit l'infirmier (886).

Il est expressément défendu aux malades et blessés de fumer dans les salles, et d'avoir ni armes, ni poudre à tirer, ni dés, ni cartes à jouer; de se coucher sur les lits avec leurs souliers, de ne rien faire de contraire à la propreté des salles; enfin, ils ne doivent se permettre aucun cri, chant ou récit qui puisse troubler le bon ordre et nuire au repos de leurs camarades.

Tous les jeux à prix d'argent leur sont également interdits, ainsi que tout trafic ou échange d'aliments (880).

Aucun malade ne peut, sous quelque prétexte que ce soit, entrer dans la cuisine, dépense, pharmacie, magasins de l'hôpital et autres établissements accessoires (892).

Tous les malades sont tenus de se conformer exactement aux défenses qui peuvent leur être faites de sortir des salles, s'ils sont atteints de maladies contagieuses (892).

Tous les malades d'une salle sont responsables des dégâts qui peuvent y être commis, à moins que les auteurs n'en soient signalés, ou qu'il ne soit reconnu que ces dégâts proviennent d'une cause indépendante de leur volonté (896).

Les malades qui ont commis quelques fautes sont mis à la salle de police par ordre du sous-intendant militaire, lorsque l'officier de santé juge que leur état de santé le permet; ils peuvent être en outre punis par la privation des aliments et des boissons, que les officiers de santé indiquent comme pouvant leur être retranchés sans inconvénient (897).

De la garde et des plantons dans les hôpitaux.

En cas de violences ou de voies de fait exercées, soit de la part des malades, soit par toute autre personne, le commandant du poste prête main-forte pour arrêter la perturbation (909).

Un sous-officier, que les différents corps de la garnison fournissent à tour de rôle, est commandé chaque jour pour être de planton à l'hôpital pendant vingt-quatre heures (910).

Les sous officiers de planton se conforment à la consigne imprimée et affichée à la porte de la cuisine; ils se conforment en outre aux ordres qui leur sont donnés par le sous-intendant, pour le maintien de la police intérieure de l'hôpital (911).

Lorsqu'un sous-officier de planton croit avoir quelques observations à faire, soit sur la pesée de la viande à mettre à la marmite, soit sur celle des portions d'aliments préparées pour la distribution, il s'adresse au comptable, et, s'il n'est pas fait droit à ses observations, il en fait son rapport par écrit au sous-intendant militaire (912).

Des eaux thermales.

Tous les militaires en activité de service, depuis le soldat jusqu'au capitaine inclusivement, peuvent être envoyés aux eaux, lorsqu'ils sont dans le cas d'en faire usage, sans autorisation préalable du ministre de la guerre (963).

Il ne peut être reçu de demandes passé le premier avril pour la première saison, et le premier juin pour la seconde (975).

Les officiers de santé qui ont constaté le besoin du traitement des eaux, délivrent à chaque militaire, au moment de son départ, un certificat individuel qui indique la nature de sa maladie (976).

Les certificats remis aux militaires, conformément à l'article précédent, sont remis, à leur arrivée, aux officiers de santé en chef de l'hôpital des eaux. (*Par suite de nouvelles dispositions, ces certificats sont envoyés par le sous-intendant.*)

Les sous-officiers et soldats qui ont fait usage des eaux sont tenus, à leur retour au corps, de produire à leurs chefs un certificat indiquant leur conduite à l'hôpital. Ces certificats sont délivrés par le sous-intendant militaire chargé de la police de l'hôpital, d'après le rapport des officiers de santé en chef et de l'officier d'administration comptable (982).

TITRE V. — DES RETRAITES ET DES PENSIONS.

CHAPITRE Ier. — PENSIONS POUR ANCIENNETÉ DE SERVICE.

SECTION Ire. — *Des droits à la pension.*

Le droit à la pension de retraite pour ancienneté, est acquis à trente ans de service effectif (*article 1er de la loi du 11 avril 1832*).

Les années de service pour la pension militaire de retraite, se comptent de l'âge où la loi permet de contracter un engagement volontaire (2).

Le service des marins incorporés dans l'armée de terre leur est compté pour le temps antérieur à cette incorporation, d'après les lois qui régissent l'armée de mer (3).

Est compté pour la pension militaire de retraite, le temps passé dans un service civil qui donne droit à la retraite, pourvu toutefois que la durée des services militaires soit au moins de 20 ans (4).

Il est compté quatre années de service effectif, à titre d'études préliminaires, aux élèves de l'école polytechnique, au moment où ils entrent comme officiers dans les armes spéciales (5).

Le temps passé hors de l'activité, avec jouissance d'une pension de retraite, ne peut entrer dans la supputation du service effectif (6).

Il en est de même du temps pendant lequel une pension militaire aura été cumulée avec la solde d'activité dans les corps détachés de la garde nationale, comme auxiliaire de l'armée à moins que le pensionnaire n'ait acquis dans ce corps, et pour les causes énoncées au titre des droits à la pension pour blessures ci-après, des droits à une pension plus élevée, ou qu'il n'y ait fait campagne, auquel cas il jouit du bénéfice de l'article 7 (6).

Les militaires qui auront le temps de service exigé par les articles précédents pour la pension d'ancienneté, seront admis à compter en sus les années de campagne, d'après les règles suivantes :

Sera compté pour la totalité, en sus de sa durée effective, le service militaire qui aura été fait :

1° Sur le pied de guerre,

2° Dans un corps d'armée occupant un territoire étranger, en temps de paix ou de guerre ;

3° A bord pour les troupes embarquées en temps de guerre maritime ;

4° Hors d'Europe, en temps de paix, pour les militaires envoyés d'Europe ; le même service, en temps de guerre, leur sera compté pour le double en sus de sa durée effective ; sera compté de la même manière le temps de captivité à l'étranger des militaires prisonniers de guerre.

Sera compté pour moitié en sus de sa durée effective :

1° Le service militaire sur les côtes en temps de guerre maritime ;

2° Le service militaire à bord pour les troupes embarquées en temps de paix (7).

Dans la supputation des bénéfices attachés aux campagnes par l'art. 7, chaque période dont la durée aura été moindre de douze mois, sera comptée comme une année accomplie.

Néanmoins, il ne peut être compté plus d'une année dans une période de douze mois.

La fraction qui excède chaque période dont la durée aura été de plus d'une année sera comptée comme une année entière (8).

SECTION II. — *Fixation de la pension d'ancienneté.*

Après trente années de service effectif, les militaires ont droit au minimum de la pension d'ancienneté, déterminée pour leurs grades par le tarif annexé à la présente loi et rapporté ci-après.

Chaque année de service au-delà de trente ans, et chaque année de campagne supputée selon les articles 7 et 8, ajoutent à la pension un vingtième de la différence du minimum au maximum.

Le maximum est acquis à cinquante ans de service, campagnes comprises (9).

La pension d'ancienneté se règle sur le grade dont le militaire est titulaire.

Si néanmoins il demande sa retraite avant d'avoir au moins deux ans d'activité dans ce grade, la pension se règle sur le grade immédiatement inférieur (10).

La pension de retraite de tout officier, sous-officier, caporal ou brigadier, ayant douze ans accomplis d'activité dans son grade, est augmentée d'un cinquième (1).

Dans ce cas spécial, le bénéfice du présent article est acquis aux officiers, sous-officiers, caporaux ou brigadiers qui ont droit au maximum déterminé par le tarif ci-après rapporté (11).

CHAPITRE II. — PENSIONS POUR CAUSES DE BLESSURES OU INFIRMITÉS.

SECTION Iʳᵉ. — *Des droits à la pension.*

Les blessures donnent droit à la pension de retraite, lorsqu'elles sont graves et incurables et qu'elles proviennent d'événements de guerre ou d'accidents éprouvés dans un service commandé.

Les infirmités donnent le même droit, lorsqu'elles sont graves et incurables et qu'elles sont reconnues provenir de fatigues ou dangers de services militaires.

Les causes, la nature et les suites des blessures ou infirmités seront justifiées dans les formes et dans les délais qui sont déterminés par le règlement d'administration publique rapporté au chapitre (12).

Dans les cas moins graves, elles ne donnent lieu à pension que sous les conditions suivantes :

1º Pour l'officier, si elles le mettent hors d'état de rester en activité, et lui ôtent la possibilité d'y rentrer ultérieurement ;

2º Pour le sous-officier, caporal ou brigadier et soldat, si elles le mettent hors d'état de servir et de pourvoir à sa subsistance (14).

---

(1) Voir, à la fin de l'ordonnance, l'arrêté du 23 juin 1834, note 28ᵉ, 1ᵉʳ sem. 1834, p. 201.

Section ii. — *Fixation de la pension.*

Pour la cécité, l'amputation ou la perte absolue de l'usage des deux membres, la pension est fixée conformément au tarif annexé à la présente loi (15).

Les blessures ou infirmités qui occasionnent la perte absolue de l'usage d'un membre, ou qui y sont reconnues équivalentes, donnent droit au minimum de la pension d'ancienneté, quelle que soit la durée des services. Chaque année de service, y compris les campagnes supputées selon les art. 7 et 8, ajoute à cette pension un vingtième de la différence du minimum au maximum d'ancienneté.

Le maximum est acquis à vingt ans de service, campagnes comprises (16).

Pour les blessures ou infirmités qui mettent le militaire dans une des positions prévues par l'article 14, les pensions sont fixées pareillement au minimum d'ancienneté, mais elles ne sont augmentées dans la proportion déterminée par l'article précédent, que pour chaque année de service au-delà de trente ans, campagnes comprises. Le maximum est acquis à cinquante ans de service, y compris les campagnes (17).

La pension pour cause de blessures ou infirmités se règle sur le grade dont le militaire est titulaire.

L'article 11 ci-dessus est applicable à la pension pour cause de blessures (18).

CHAPITRE III. — PENSIONS DES VEUVES ET DES ORPHELINS.

Section Ire. — *Des droits à la pension.*

Ont droit à une pension viagère :

1º Les veuves des militaires tués sur le champ de bataille ou dans un service commandé ;

2º Les veuves des militaires qui ont péri à l'armée ou hors d'Europe, et dont la mort a été causée, soit par des événements de guerre, soit par des maladies contagieuses, aux influences desquelles ils ont été soumis par les obligations de leur service ;

3º Les veuves des militaires morts des suites de blessures reçues, soit sur le champ de bataille, soit dans un service commandé, pourvu que le mariage soit antérieur à ces blessures.

La cause, la nature et la suite des blessures seront justifiées dans les formes et dans les délais prescrits par le réglement rapporté ci-après ;

4º Les veuves des militaires morts en jouissance de la pension de retraite ou en possession des droits à cette pension, pourvu que le mariage ait été contracté deux ans avant la cessation de l'activité ou du traitement militaire du mari, ou qu'il y ait eu un ou plusieurs enfants issus du mariage antérieurement à cette cessation.

Dans les cas prévus par le présent article, le mariage contracté par les militaires en activité de service, postérieurement à la promulgation du décret du 16 juin 1808, n'ouvrira de droits à la pension aux veuves et aux enfants qu'autant qu'il aura été autorisé dans les formes dudit décret (19)·

En cas de séparation de corps, la veuve d'un militaire ne peut prétendre à aucune pension: les enfants, s'il y en a, seront considérés comme orphelins (20).

Après le décès de la mère, ou lorsque, par l'effet des dispositions de l'article précédent, elle se trouve déchue de ses droits à la pension, l'enfant ou les enfants mineurs des militaires morts dans les cas prévus par l'art. 19, ont droit, quel que soit leur nombre, à un secours annuel égal à la pension que la mère aurait été susceptible d'obtenir.

Ce secours est payé jusqu'à ce que le plus jeune d'entre eux ait atteint l'âge de 21 ans accomplis; mais dans ce cas, la part des majeurs est reversible sur les mineurs (21).

SECTION II. —*Fixation de la pension des veuves.*

La pension des veuves des militaires est fixée au quart du maximum de la pension d'ancienneté affectée au grade dont le mari est titulaire, quelle que soit la durée de son activité dans ce grade.

Néanmoins, la pension des veuves des maréchaux de France est fixée à 6,000 fr.

Celle des veuves des caporaux, brigadiers, soldats et ouvriers ne pourra être moindre de 100 fr. (22).

CHAPITRE IV. — DISPOSITIONS GÉNÉRALES.

Dans les cas non prévus par la présente loi, où il y aura lieu de récompenser des services militaires éminents ou extraordinaires, la pension ne pourra être accordée que par une loi spéciale (23).

Les pensions militaires sont personnelles et viagères. Elles sont inscrites comme dettes de l'État au livre des pensions du Trésor public (24).

Tout pouvoir contre la liquidation d'une pension, doit être formé, à peine de déchéance, dans le délai de trois mois, à partir du jour du paiement des arrérages, pourvu qu'avant ce premier paiement les bases de la liquidation aient été notifiées (25).

Le droit à l'obtention ou à la jouissance des pensions militaires est suspendu :

Par la condamnation à une peine afflictive ou infamante, pendant la durée de la peine ;

Par les circonstances qui font perdre la qualité de Français, durant la privation de cette qualité ;

Par la résidence hors du royaume, sans l'autorisation du Roi, lorsque le titulaire est Français ou naturalisé Français (26).

Les pensions militaires dans la fixation desquelles il sera fait application de l'art. 4 de la présente loi, ne pourront, en aucun cas, être cumulées avec un traitement civil d'activité (27).

Les pensions militaires et leurs arrérages sont incessibles et insaisissables, excepté en cas de débet envers l'État, ou dans les circonstances prévues par les art. 203 et 305 du Code civil.

Dans les deux cas, les pensions militaires sont susceptibles de retenues qui ne peuvent excéder le cinquième de leur montant pour cause de débet, et le tiers pour aliments (28).

CHAPITRE V. — DISPOSITIONS TRANSITOIRES.

Les services antérieurs à la présente loi ne pourront être comptés au-dessous de 14 ans pour les tambours et trompettes, et de l'âge de 16 ans tant pour les autres militaires que pour les élèves des écoles spéciales, sauf le cas prévu par l'art. 5 (29).

Les trois années de service accordées à titre d'études préliminaires aux officiers des corps de l'artillerie et du génie et des ingénieurs géographes qui n'ont pas été élèves à l'école polytechnique, continueront de leur être comptées pour la pension de retraite (30).

Tous les droits acquis en vertu des dispositions antérieures à la présente loi, relativement aux services susceptibles d'être admis dans la liquidation des pensions militaires, sont conservés, sauf les restrictions spécifiées dans l'article suivant (31).

Les services hors des armées nationales qui ne sont admissibles pour les pensions de retraite qu'en vertu des ordonnances des 25 et 31 mai 1814, ne peuvent être comptés qu'autant qu'ils seront accompagnés de quinze ans au moins de service effectif dans les armées nationales.

Dans aucun cas, les campagnes faites dans le cours desdits services ne donneront lieu au bénéfice des art. 7 et 8.

Les années de service, et les campagnes dans les armées en guerre contre la France, ne seront jamais comptées pour la pension.

Toutefois, les droits acquis par les traités ou droits antérieurs à 1814 sont maintenus (32).

Est réputé temps d'activité pour le bénéfice de l'art. 11 :

1º Le temps passé en jouissant de la solde de non activité ;

6.

2º Le temps passé en réforme (53) (1).

Les dispositions de la présente loi seront appliquées à toutes les pensions non inscrites, avant sa promulgation, au livre de la dette publique (54).

Le décret du 24 octobre 1805, qui compte le mois de vendémiaire an XIV pour une campagne entière continuera d'être observé (55).

CHAPITRE VI. — JUSTIFICATIONS A FAIRE EN CERTAINS CAS POUR ÉTABLIR LES DROITS A LA PENSION.

SECTION 1re. — Des militaires.

Tout militaire qui aura à faire valoir des droits à la pension de retraite pour causes de blessures ou d'infirmités, devra faire sa demande avant de quitter le service.

L'administration de la guerre fera procéder immédiatement, après la réception de cette demande, à la vérification des droits du réclamant, selon les règles établies par la présente ordonnance (art. 1er de l'ordonnance du 2 juillet 1831).

Si, par une aggravation consécutive, les blessures ou infirmités qui peuvent donner lieu à une pension ont occasionné la perte absolue de l'usage d'un membre, le réclamant aura un délai d'un an pour faire sa demande.

Ce délai, qui court du jour de la cessation de l'activité, sera porté à deux ans, si les blessures ou infirmités ont occasionné l'amputation, ou la perte totale de la vue.

Néanmoins la demande ne sera admissible qu'autant que les blessures ou infirmités auront été régulièrement constatées avant que le militaire ait quitté le service (2).

Toute demande d'admission à la pension de retraite, pour cause de blessures ou infirmités, devra être appuyée d'un certificat dans lequel les officiers de santé en chef de l'hôpital militaire ou de l'hospice civil où le dernier traitement aura été suivi, constateront la nature et les suites desdites blessures ou infirmités, et déclareront qu'elles leurs paraissent incurables.

A l'égard des militaires qui n'auront pas été traités dans un de ces établissements, le certificat sera délivré par les officiers de santé en chef d'un des hôpitaux militaires ou hospices civils préalablement désignés par le ministre de la guerre pour ces sortes de visites (3).

Toute demande de pensions pour cause de blessures ou infirmités sera en outre appuyée :

1º De l'état des services et campagnes ;

---

(1) Voir la note nº 1 à la suite du tarif.

2° Des justifications prescrites par les art. 5 et 6 ci-après.

Les causes des blessures seront justifiées soit par les rapports officiels et autre documents authentiques qui auront constaté le fait, soit par les certificats des autorités militaires, soit enfin par une information ou enquête prescrite et dirigée par les mêmes autorités (5).

Lesdites justifications spécifieront la nature des blessures, ainsi que l'époque, le lieu et les circonstances, soit des événements de guerre, soit du service commandé, où elles auront été reçues (6).

Les causes des infirmités seront justifiées soit par les rapports officiels et autres documents authentiques qui auront constaté l'époque et les circonstances de leur origine, soit par les certificats des autorités militaires, soit enfin par une information ou enquête prescrite et dirigée par les mêmes autorités (7).

La demande de tout militaire faisant partie d'un régiment ou autre corps de troupe, sera instruite par les soins du conseil d'administration (8).

La demande et les pièces à l'appui seront communiquées au sous-intendant militaire qui, s'il les trouve conformes aux articles ci-dessus, les visera et les transmettra à l'officier-général commandant la brigade ou la subdivion, lequel désignera deux officiers de santé parmi ceux attachés soit au corps, soit à d'autres régiments, soit aux établissements publics (9).

Les officiers de santé, désignés en vertu de l'article précédent, procéderont à l'examen des blessures ou infirmités en présence du conseil d'administration et du sous-intendant militaire, qui donnera en séance lecture des art. 12 et 18 de la loi du 11 avril 1831 (10).

Il sera dressé de cette opération un procès-verbal qui sera présenté, avec la demande et les pièces y annexées, à l'inspecteur-général, lors de la plus prochaine inspection (11).

Dans le cas d'urgence, le lieutenant-général commandant la division, sur le compte qui lui en sera rendu, exercera ou déléguera aux commandants de subdivision les attributions de l'inspecteur-général (12).

L'inspecteur-général, après avoir pris connaissance des pièces visées conformément à l'art. 9, et du procès-verbal énoncé dans l'art. 10, fera procéder en sa présence, par deux autres officiers de santé qu'il aura choisi parmi ceux qualifiés dans l'art. 9 à une vérification des causes qui motivent la demande.

Le sous-intendant militaire assistera à cette vérification avant laquelle il fera, en séance, lecture des art. 12 et 18 de la loi, et, quel que soit le résultat de l'opération, il en dressera procès-verbal (13).

Après la vérification prescrite par l'article précédent, et s'il est reconnu que les causes, la nature et les suites des blessures ou infirmités rentrent, par leur origine, leur gravité et leur incurabilité, dans un des cas déterminés par la loi, l'inspecteur-général fera préparer par le conseil d'administration le mémoire de proposition pour l'admission à la pension de retraite.

Ce mémoire, vérifié par le sous-intendant militaire et approuvé par l'inspecteur-général, sera soumis au ministre de la guerre avec toutes les pièces qui auront servi à l'instruction de la demande, et les observations auxquelles elle aura pu donner lieu (14).

Toutes les dispositions ci-dessus seront applicables aux individus faisant partie d'un établissement régi par un conseil d'administration (15).

Dans le cas où un militaire appartenant à un corps de troupe s'en trouverait éloigné, la demande pourra, sur un ordre du lieutenant-général commandant la division, être renvoyée pour être instruite au conseil d'administration de l'un des corps à proximité (16).

Section ii. — *Des veuves et des orphelins.*

Dans le cas prévu par le paragraphe 3 de l'art. 19 de la loi, les causes, la nature et les suites des blessures des militaires décédés, seront justifiées par les veuves dans les formes et dans les délais ci-après déterminés (19).

Les causes et la nature des blessures seront justifiées, ainsi qu'il est prescrit aux art. 5 et 6 ci-dessus, relativement aux droits des militaires (20).

Les suites des blessures seront justifiées par des certificats authentiques d'officiers de santé militaires lesquels devront déclarer que lesdites blessures ont occasionné la mort du blessé.

Si le décès survient après que le blessé aura obtenu guérison suffisante pour reprendre son service, ou une année après la blessure, la veuve ne pourra invoquer la disposition du paragraphe 3 de l'art. 19 de la loi du 11 avril 1831.

Il sera accordé à la veuve, pour former sa demande, un délai de six mois qui courra du jour de la notification du décès du mari au maire de la commune où il résidait (21).

Dans le cas prévu par le paragraphe 2 de l'art. 19 de la loi, les causes de la mort seront justifiées dans les formes ci-après déterminées (22).

Si la mort a été causée par des événements de guerre, ces événements devront être constatés, ainsi qu'il est prescrit par l'art. 5 ci-dessus.

Il sera en outre justifié, dans les mêmes formes ou par des certificats authentiques d'officiers de santé, que lesdits évènements ont été la cause directe et immédiate de la mort du militaire. ·

Les demandes devront être formées dans le délai prescrit par le 3e paragraphe de l'art. 21 ci-dessus.

Les causes de mort par maladies contagieuses ou endémiques seront justifiées :

1o Par un certificat des autorités civiles ou militaires, constatant qu'à l'époque du décès les maladies régnaient dans le pays où le militaire est décédé ;

2o Par un certificat de l'autorité militaire, constatant que le militaire décédé a été soumis, par son service, à l'influence de ces maladies ;

3o Par un certificat duement légalisé, soit des officiers de santé en chef de l'hôpital militaire où le militaire est mort, soit de l'officier de santé militaire ou civil qui l'a traité dans sa maladie.

Dans le cas où il y aurait impossibilité de se procurer le certificat des officiers de santé, il y sera suppléé par une information ou enquête, prescrite et dirigée par les autorités civiles ou militaires du pays.

Les dispositions ci-dessus, concernant les veuves sont applicables aux enfants des militaires dans le cas où les art. 20 et 21 de la loi du 11 avril 1831 les admettent à représenter leur mère (25).

CHAPITRE VII. — TABLEAU DES PIÈCES QUI DOIVENT ACCOMPAGNER LES MÉMOIRES DE PROFOSITION DE RETRAITE.

Pour ancienneté.

A. Demande motivée de l'intéressé, visée pour en constater la date et servir de légalisation, par le conseil d'administration ou le chef militaire qui l'aura reçue.

B. Acte de naissance.

C. État des services et campagnes.

D. Acte d'individualité explicatif des différences remarquées entre les pièces, s'il y en a.

Pour blessures.

Les pièces ci-dessus A, B, C.

D. Justification des causes et de la nature des blessures ou infirmités, conformément aux art. 5, 6, 7 et 8 ci-dessus.

E. Déclaration d'incurabilité.

Voici ci-contre le tarif des pensions pour l'armée de terre.

TARIF

DES

PENSIONS POUR L'ARMÉE DE TERRE.

DÉSIGNATION DES GRADES.	Minimum de 30 ans de Service effectif.	ANCIENNETÉ DE SERVICE.	
		Accroissement pour chaque année de service effectif au-delà de 30 ans, et pour chaque campagne.	Maximum de 50 ans de service, campagnes comprises.
	f.	f.	f.
Colonel	2400	30 0	3000
Lieutenant-colonel	1800	30 0	2400
Chef de bataillon, d'escadron et major	1500	25 0	2000
Capitaine de toutes armes	1200	20 0	1600
Lieutenant id.	800	20 0	1200
Sous-Lieutenant id.	600	20 0	1000
Adjudant-sous-Officiers	400	10 0	600
Sergent-Major, Maréchal-des-Logis chef, tambour et Trompette-Major	300	10 0	500
Sergent et Maréchal-des-Logis	250	7 50	400
Caporal et Brigadier	220	6 0	340
Soldat de toutes armes	200	5 0	300

Amputation de deux membres ou perte totale de la vue, pension fixe.	Amputation d'un membre ou perte absolue de l'usage de deux membres, pension fixe.	Blessures ou infirmités graves qui occasionnent la perte absolue de l'usage d'un membre.			Blessures ou infirmités moins graves qui mettent dans l'impossibilité de rester au service.		
		Minimum.	Accroissement pour chaque année de service, campagnes comprises.	Maximum à 20 ans de service, campagnes comprises.	Minimum.	Accroissement pour chaque année de service, au-delà de 30 ans, y compris les campagnes.	Maximum à 50 ans, campagnes comprises.
f.	f.	f.	f.	f.	f.	f.	f.
3000	3000	2400	30 0	3000	2400	30 0	3000
2400	2400	1800	30 0	2400	1800	30 0	2400
2000	2000	1500	25 0	2000	1500	25 0	2000
1600	1600	1200	20 0	1600	1200	20 0	1600
1200	1200	800	20 0	1200	800	20 0	1200
1000	1000	600	20 0	1000	600	20 0	1000
600	600	400	10 0	600	400	10 0	600
						0	
500	500	300	10 0	500	300	10 0	500
400	400	250	7 50	400	250	7 50	400
340	340	220	6 0	340	220	6 0	340
300	300	200	5 0	300	200	5 0	300

NOTES

Faisant suite à la loi sur les pensions de l'armée de terre.

Art. 5 de l'ordonnance du 5 février 1823, maintenu par l'ordonnance du 8 février 1829 :

« Le temps passé en jouissance du traitement de réforme sera « compté comme service actif, pour l'admission à la pension de « retraite par ancienneté, soit aux officiers qui auront été rappelés « à l'activité, soit à ceux qui n'y ayant pas été rappelés, auraient « été admis à ce traitement après avoir accompli leur vingtième « année de service sans que, dans aucun cas, on puisse admettre « comme service actif plus de dix ans de réforme avec traitement.» (*Manuel des pensions*, p. 242, in-fol.)

Art. 7 de la décision réglementaire du 25 avril 1823, sur l'ordonnance du 3 février même année :

« Le temps passé en jouissance du traitement de réforme, soit « antérieurement, soit postérieurement à l'ordonnance du 5 fé-« vrier 1823, sera compté comme service actif pour admission à la « pension d'ancienneté, mais seulement pour ce cas, et jusqu'à « concurrence du temps exigé par les lois et règlements pour « donner droit à cette admission.

« La présente disposition, applicable aux officiers dont les « services ou le traitement de réforme cesseront à l'avenir ou au-« ront cessé postérieurement à ladite ordonnance, ne l'est point « aux officiers en non activité dont le sort a été réglé par l'or-« donnance du 20 mai 1818, tant pour la durée de la demi-solde « que pour l'époque à laquelle ils doivent être admis à la pen-« sion. » (*Manuel des pensions*, p. 256, vol. in-fol.)

Est réputé temps d'activité pour le bénéfice de l'art. 11 de la loi du 11 avril 1831 :

1° Le temps passé en jouissance de la solde de non activité, régie par les ordonnances des 20 mai 1818 et 5 mai 1824 ;

2° Le temps passé en réforme, suivant les règles posées par les ordonnances des 5 février 1823 et 8 février 1829 (art. 33 de la loi.)

Pour déterminer l'époque à laquelle cesse l'activité, le ministre, d'après l'avis du conseil d'État, après le 23 juin 1834, l'arrêté suivant :

« Les militaires mis en solde de congé, en attendant leur re-
« traite, ne seront admis à compter leurs services, dans la liqui-
« dation de leur pension, que jusqu'au jour de la cessation de
« leur solde d'activité.

« Ceux qui auront été mis en solde de congé ou de non acti-
« vité, avant d'avoir été proposés pour la retraite ou admis a y
« faire valoir leurs droits, ne compteront leurs services que jus-
« qu'au jour de la décision qui les aura désignés pour passer a
« la pension de retraite (1er sem. 1834, p. 261).

Livre III.

Extrait du Réglement du 2 Février 1845 sur l'Armement des corps de troupes, et Tarif général des réparations. Extrait du Réglement du 11 Juin 1811 sur les Magasins généraux de l'Habillement et du Campement.

—

TITRE 1er. — DE L'ARMEMENT DANS LES CORPS DE TROUPES.

CHAPITRE Ier. — DISPOSITIONS GÉNÉRALES.

L'armement, dans chaque corps et par chaque grade, est fixé au tableau annexé ci-contre.

Les armes à feu et les armes blanches distribuées aux corps sont numérotées de manière à former, *par modèle*, une série distincte et continue, depuis le n° 1 jusqu'à la dernière arme de ce modèle.

Les fusils et mousquetons délivrés aux troupes seront marqués sur la partie inférieure de la plaque de couche du numéro et de la marque du corps.

Les régiments d'infanterie sont armés de fusils du même modèle pour toutes les compagnies. Ceux dits d'*infanterie*, dont le canon a 1 m. 008 mil. de long, sont affectés à l'infanterie de ligne, et ceux dits de *voltigeurs* (canon de 1 m. 005) à l'infanterie légère.

Les armes des soldats qui ne font plus partie de l'effectif sont remises à ceux qui les remplacent. Les hommes qui passent d'une compagnie dans une autre emportent leurs armes.

Les canons, les bayonnettes, les baguettes et les fourreaux de sabres sont marqués du même numéro que celui de l'arme à laquelle ces pièces appartiennent.

Chaque soldat pourvu d'une ou de plusieurs armes à feu reçoit un nécessaire d'armes contenant les instruments convenables pour le démontage et l'entretien de son armement.

Les monte-ressorts et les clés de cheminées restent entre les mains des chefs d'escouade.

Les nécessaires d'armes, bien que n'étant pas la propriété du soldat, sont entretenus au compte des masses individuelles.

Le remplacement des monte-ressorts et clés de cheminées a lieu, si c'est par suite de leur usage naturel, au compte de la masse d'entretien, et à celui du soldat, si c'est à cause de sa négligence ou de son mauvais vouloir, ou bien aux frais de l'ordinaire, si le soldat n'est pas connu.

Tout ce qui concerne l'entretien et la conservation des armes dans les corps de troupes est placé sous la surveillance d'un lieutenant, qui prend le titre d'*officier d'armement*. Il est exempt de tout autre service et placé sous la direction du capitaine d'habillement. Dans certains cas, un sous-lieutenant peut être adjoint au lieutenant d'armement ; celui-ci n'est pas exempt de service.

CHAPITRE II. — CONSERVATION ET ENTRETIEN DE L'ARMEMENT PAR LES SOLDATS.

Les soldats ne doivent employer pour démonter et remonter leurs armes aucun instrument autre que ceux qui leur sont fournis. Ils ne doivent jamais démonter les pièces de la platine ni ôter la sous-garde et la cheminée du canon que sur l'ordre d'un sous-officier.

Indépendamment de l'inspection dans les rangs, les officiers doivent faire de fréquentes visites de l'armement dans les chambres.

Les officiers et sous-officiers doivent porter particulièrement leur attention sur les qualités essentielles au bon service, à l'*effet utile des armes*, plutôt que sur leur propreté extérieure et leur aspect brillant, qui est formellement proscrit.

Les officiers doivent veiller à ce que les soldats observent toutes les précautions et prennent tous les soins recommandés par le règlement. Ils doivent passer la revue des nécessaires d'armes, monte-ressorts et clés de cheminées, et ne souffriront aucune dégradation à ces objets.

Aucune séance de tir à la cible ne doit avoir lieu avant que les officiers des compagnies, escadrons ou batteries ne se soient assurés que chaque arme à feu a sa grande vis de platine et celle de culasse serrées bien à fond, pour éviter les fentes aux bois par suite des ébranlements du tir.

Tout commandant de compagnie, d'escadron, de batterie ou de détachement est responsable, envers le chef de corps, de l'état de l'armement des hommes mis sous son commandement.

Une visite détaillée de l'armement des détachements doit avoir lieu avant leur départ et au moment de leur rentrée au corps.

Les sous-lieutenants adjoints à l'armement assistent aux visites mensuelles de l'armement des compagnies ou pelotons de leur bataillon ou escadron.

Outre ces visites particulières, une inspection générale et détaillée de l'armement a lieu deux fois par an, par le maître armurier, en présence de l'officier d'armement, pour l'assurer de l'état des armes et y faire les réparations utiles.

Cette visite est faite successivement par compagnie ou peloton ; elle a lieu, autant que possible, à un jour fixe de chaque semaine.

Les réparations reconnues nécessaires sont exécutées immédiatement, et, autant que possible, avant la visite de la compagnie suivante.

Les réparations des armes entre les mains des troupes sont, suivant les causes qui les ont nécessitées, à la charge de l'abonnement, du soldat ou de l'État.

Elles sont exécutées d'après le tarif annexé ci-après, arrêté le 15 avril 1850.

TARIF

DES PRIX

DES RÉPARATIONS

DES

ARMES PORTATIVES

EN SERVICE DANS LES CORPS,

IMPUTABLES A LA MASSE INDIVIDUELLE,

A L'ABONNEMENT OU A L'ÉTAT,

Du 15 avril 1850 ;

Augmenté, par l'Éditeur, d'une colonne pour l'ordre
numérique des pièces d'armes, et précédé d'une table
alphabétique pour faciliter la recherche des objets d'armement pour lesquels on désire consulter le Tarif.

Librairie Militaire de BLOT,

Place de l'Hôtel-de-Ville, 33.

TOME II. — *l.*

Note à consulter pour l'application du Tarif,
voir page 48.

TABLE ALPHABÉTIQUE

DES

PIÈCES D'ARMES.

Armes à feu.

Armes blanches.

FIN DE LA TABLE ALPHABÉTIQUE DES PIÈCES D'ARMES.

NUMÉROS D'ORDRE.	INDICATION DES PIÈCES D'ARMES ET DES RÉPARATIONS.	FUSI			
		D'INFANTERIE de ligne ou légère.		de MARINE.	
		modèle 1842.	mod. 1822 transformé	modèle 1842.	mod. 1822 transformé
	CANON (en fer).	fr. c.	fr. c.	fr. c.	fr. c.
1	En fournir un neuf (avec hausse complète pour les armes rayées) { d'infanterie de ligne....	13 00	13 00	12 85	12 85
	{ d'inf. légère.	12 85	12 85	»	»
	Idem avec le pied de hausse seulement..	»	»	»	»
	L'ajuster sur le bois..................	0 20	0 20	0 20	0 20
	Relever un enfoncement..............	0 25	0 23	0 23	0 25
	Idem si l'enfonc. est dans une rayure (M).	»	»	«	»
	Réparer la bouche mutilée.............	0 10	0 10	0 10	0 10
	Le redresser.......................	0 15	0 15	0 15	0 15
	Idem lorsqu'il a un court pli (M).......	0 35	0 35	0 35	0 35
	Refaire la vive arête de la tranche du tonn.	0 05	0 05	0 05	0 05
	Réparer les pans mutilés..............	0 10	0 10	0 10	0 10
2	*Fournir et braser un tenon............	0 15	0 15	0 15	0 15
3	*Idem — un guidon..........	0 20	0 20	0 20	0 20
	*Rafraîchir un guidon.................	0 02	0 02	0 02	0 02
	*Adoucir intérieurement le canon......	0 15	0 15	0 15	0 15
	Idem extérieurement.................	0 15	0 15	0 15	0 15
	Idem lorsqu'il est mutilé..............	0 20	0 20	0 20	0 20
	*Resserrer l'écrou de la cheminée et le retarauder (M)...................	0 30	0 30	0 30	0 30
	CULASSE (en fer).				
4	En fournir une neuve à bouton plein....	0 85	0 85	0 85	0 85
	Idem avec tige pour les armes rayées...	»	»	»	»
	L'ajuster au canon...................	0 20	0 20	0 20	0 20
	En fournir une neuve à chambre, ajustée et trempée (M)..................	»	2 85	»	2 85
	En ajuster une sur le bois (à bouton plein ou à chambre)................	0 15	0 15	0 15	0 15
	En réparer une mutilée...............	0 05	0 05	0 05	0 05
	En retirer une cassée dans son écrou...	0 15	0 15	0 15	0 15
	Percer et fraiser la queue.............	0 05	0 05	0 05	0 05
	Prix total, fournit. et main-d'œuvre d'une culasse à bouton plein, mise en place.	1 25	1 25	1 25	1 25
	Idem d'une culasse à chambre..........	»	3 05	»	3 05
5	*Fournir une tige...................	»	»	»	»
	*L'ajuster......................	»	»	»	»
	*En retirer une cassée dans son écrou ..	»	»	»	»

* L'enfoncement dans un plein peut être réparé par l'armurier.

LS		Carabine à tige, mod. 1846.	MOUSQUETONS				PISTOLETS			
de DRAGON.			de GENDARMERIE.		de cavalerie,	d'artillerie,	de cavalerie,	de GENDARMERIE.		de marine,
modèle 1842.	mod. 1822 transformé	modèle 1846.	modèle 1842.	mod. 1825 transformé	mod. 1822 transformé	mod. 1829 transformé à tige	mod. 1922 transformé	modèle 1842.	mod. 1822 transformé	modèle 1837.
fr. c.	fr. c.	fr. c.	fr. c.	fr. c.	fr. c.	fr. c.	fr. c.	fr. c.	fr. c.	fr. c.
11 65	11 65	20 50	10 37	10 37	8 20	14 45	5 25	3 71	3 71	4 76
»	»	»	»	»	»	»	»	»	»	»
»	»	17 25	»	»	»	11 75	»	»	»	»
0 20	0 20	0 20	0 15	0 15	0 15	0 15	0 10	0 10	0 10	0 10
0 25	0 25	0 25	0 20	0 20	0 20	0 20	0 15	0 15	0 15	0 15
»	»	0 50	»	»	»	0 50	»	»	»	»
0 10	0 10	0 10	0 10	0 10	0 10	0 10	0 10	0 10	0 10	0 10
0 15	0 15	0 15	0 15	0 15	0 15	0 15	0 10	0 10	0 10	0 10
0 35	0 35	0 35	0 35	0 35	0 35	0 35	0 25	0 25	0 25	0 25
0 05	0 05	0 05	0 05	0 05	0 05	0 05	0 05	0 05	0 05	0 05
0 10	0 10	0 10	0 10	0 10	0 10	0 10	0 10	0 10	0 10	0 10
0 15	0 15	1 50	0 15	0 15	»	1 50	»	»	»	»
0 20	0 20	0 20	0 20	0 20	0 20	0 20	0 20	»	»	»
0 02	0 02	0 02	0 02	0 02	0 02	0 02	0 02	»	»	»
0 15	0 15	0 15	0 10	0 10	0 10	0 10	0 05	0 05	0 05	0 05
0 15	0 15	0 15	0 10	0 10	0 10	0 10	0 05	0 05	0 05	0 50
0 20	0 20	0 20	0 15	0 15	0 15	0 15	0 10	0 10	0 10	0 10
0 30	0 30	0 30	0 30	0 30	0 30	0 30	0 30	»	»	»
0 85	0 85	»	0 75	0 75	0 75	»	0 45	0 45	0 45	0 45
»	»	1 12	»	»	»	0 91	»	»	»	»
0 20	0 20	0 20	0 20	0 20	0 20	0 20	0 20	0 20	0 20	0 20
»	»	»	»	»	»	»	»	»	»	»
0 15	0 15	0 15	0 15	0 15	0 15	0 15	0 15	0 15	0 15	0 15
0 05	0 05	0 05	0 05	0 05	0 05	0 05	0 05	0 05	0 05	0 05
0 15	0 15	0 15	0 15	0 15	0 15	0 15	0 15	0 15	0 15	0 15
0 05	0 05	0 05	0 05	0 05	0 05	0 05	0 05	0 05	0 05	0 05
1 25	1 25	1 52	1 15	1 15	1 15	1 31	0 85	0 85	0 85	0 85
»	»	»	»	»	»	»	»	»	»	»
»	»	0 30	»	»	»	0 30	»	»	»	»
»	»	0 10	»	»	»	0 10	»	»	»	»
»	»	0 10	»	»	»	0 10	»	»	»	»

N°s D'ORDRE.	INDICATION DES PIÈCES D'ARMES ET DES RÉPARATIONS.	FUSI			
		D'INFANTERIE de ligne ou légère.		de MARINE.	
		modèle 1842.	mod. 1822 transformé	modèle 1842.	mod. 1822 transformé
	CHEMINÉE (en acier).	fr. c.	fr. c.	fr. c.	fr. c.
6	En fournir une neuve.................	0 20	0 20	0 20	0 20
	La mettre en place....................	0 02	0 02	0 02	0 02
	En réparer une mutilée...............	0 05	0 05	0 05	0 05
	En retirer une cassée dans son écrou....	0 10	0 10	0 10	0 10
	Retremper l'extrémité du cône.........	0 03	0 03	0 03	0 03
	HAUSSE (en acier, excepté le pied en fer).				
7	En fournir une neuve (complète pour les armes à tige).....................	0 05	0 05	0 05	0 05
	La poser et l'achever..................	*0 25	*0 10	*0 25	*0 10
8	Fournir un pied de hausse.............	»	»	»	»
	L'ajuster, le braser et l'achever........	»	»	»	»
	Ajuster l'ancienne planche sur le pied...	»	»	»	»
9	Fournir une planche et la graduer......	»	»	»	»
	L'ajuster sur le pied..................	»	»	»	»
10	Fournir un ressort....................	»	»	»	»
	L'ajuster et le tremper................	»	»	»	»
11	Fournir et ajuster un arêtoir...........	»	»	»	»
12	Idem — un curseur...........	»	»	»	»
	L'ajuster et le tremper................	»	»	»	»
13	Fournir, tremper et ajuster une goupille.	»	»	»	»
	Retremper une goupille en service......	»	»	»	»
	Redresser et retremper la planche......	»	»	»	»
	Ajuster l'ancien ressort sur le nouv. pied.	»	»	»	»
	Le retremper seulement................	»	»	»	»
	Ajuster un curseur en serv. et le retremper	»	»	»	»
	Réparer le pied mutilé	»	»	»	»
	Rafraîchir le pied de la planche sans le recuire............................	»	»	»	»
	BAYONNETTE. (Lame en acier, douille en fer). (Voir, pour le sabre-bayonnette, les armes blanches).				
14	En fournir une neuve..................	3 77	3 77	3 77	3 77
	L'ajuster au canon....................	0 10	0 10	0 10	0 10
	Relimer la douille et l'adoucir, quand elle est mutilée.......................	0 10	0 10	0 10	0 10

* Quand la queue d'aronde est à faire dans la culasse, le prix est
0 cent. seulement.

A FEU.

LS		Carabine à tige, mod. 1846.	MOUSQUETONS				PISTOLETS			
de DRAGON. modèle 1842.	de DRAGON. mod. 1822 transformé		de GENDARMERIE. modèle 1842.	de GENDARMERIE. mod. 1825 transformé	de cavalerie mod. 1822 transformé	d'artillerie, mod. 1829 transformé à tige	de cavalerie, mod. 1822 transformé	de GENDARMERIE. modèle 1842.	de GENDARMERIE. mod. 1822 transformé	de marine, modèle 1837.
fr. c.	fr. c.	fr. c.	fr. c.	fr. c.	fr. c.	fr. c.	fr. c.	fr. c.	fr. c.	fr. c.
0 20	9 10	0 20	0 20	0 20	0 20	0 20	0 20	0 20	0 20	0 20
0 02	0 02	0 02	0 02	0 02	0 02	0 02	0 02	0 02	0 02	0 02
0 05	0 05	0 05	0 05	0 05	0 05	0 05	0 05	0 05	0 05	0 05
0 10	0 10	0 10	0 10	0 10	0 10	0 10	0 10	0 10	0 10	0 10
0 03	0 03	0 03	0 03	0 03	0 03	0 03	0 03	0 03	0 03	0 05
0 05	0 05	3 10	0 05	0 05	0 05	2 60	0 05	»	»	»
*0 25	*0 10	1 40	*0 25	*0 10	*0 10	4 50	*0 10	»	»	»
»	»	1 05	»	»	»	0 80	»	»	»	»
»	»	0 75	»	»	»	0 70	»	»	»	»
»	»	0 30	»	»	»	0 30	»	»	»	»
»	»	1 60	»	»	»	1 35	»	»	»	»
»	»	0 25	»	»	»	0 20	»	»	»	»
»	»	0 25	»	»	»	0 23	»	»	»	»
»	»	0 25	»	»	»	0 25	»	»	»	»
»	»	0 05	»	»	»	0 05	»	»	»	»
»	»	0 20	»	»	»	0 20	»	»	»	»
»	»	0 15	»	»	»	0 15	»	»	»	»
»	»	0 05	»	»	»	0 05	»	»	»	»
»	»	0 02	»	»	»	0 02	»	»	»	»
»	»	0 10	»	»	»	0 10	»	»	»	»
»	»	0 20	»	»	»	0 20	»	»	»	»
»	»	0 10	»	»	»	0 10	»	»	»	»
»	»	0 05	»	»	»	0 05	»	»	»	»
»	»	0 10	»	»	»	0 10	»	»	»	»
»	»	0 07	»	»	»	0 07	»	»	»	»
»	»	»	3 77	3 77	»	»	»	»	»	»
»	»	0 12	0 10	0 10	»	0 12	»	»	»	»
»	»	»	0 10	»	»	»	»	»	»	»

de 25 cent. Si la queue d'aronde est faite, le prix d'ajustage est de

N° d'ordre	INDICATION DES PIÈCES D'ARMES ET DES RÉPARATIONS.	FUSI... D'INFANTERIE de ligne ou légère.		de MARINE.	
		modèle 1842.	mod. 1822 transformé	modèle 1842.	mod. 1822 transformé
		fr. c.	fr. c.	fr. c.	fr. c.
	BAYONNETTE.				
	(Lame en acier, douille en fer) (*suite*).				
	(Voir, pour le sabre-bayonnette, les armes blanches.)				
	L'adoucir seulement.................	0 05	0 05	0 05	0 05
	Refourbir la lame et adoucir la douille..	0 20	0 20	0 20	0 20
	Refaire la pointe (si la long. de la lame reste au-dessus de la limite du rebut).	0 05	0 05	0 05	0 05
15	*Fournir et mettre en place un écouteau.	0 05	0 05	0 03	0 05
16	Fournir une virole neuve..............	0 26	0 26	0 26	0 26
	L'ajuster	0 10	0 10	0 10	0 10
	Ajuster une virole en service..........	0 05	0 05	0 05	0 05
17	Fournir une vis de virole..............	0 04	0 04	0 04	0 04
	L'ajuster	0 05	0 05	0 05	0 05
	Redresser une lame faussée et la passer au bleu (comme les lames de sabre)...	0 10	0 10	0 10	0 10
	PLATINE.				
18	Fournir une platine neuve complète (y compris la trempe)..................	6 04	5 76	6 04	5 76
	L'ajuster et la placer sur l'arme........	0 25	0 25	0 25	0 25
	*La faire joindre au canon (armes transformées)..........................	»	0 10	»	0 10
	CORPS DE PLATINE (en fer).				
19	En fournir un limé, percé et taraudé....	0 71	0 87	0 71	0 87
	Ajuster toutes les pièces dessus (y compris la trempe)....................	0 75	1 00	0 75	1 00
	Le recuire, en ôter la rouille, l'adoucir et le retremper)..................	0 20	0 20	0 20	0 20
	*Le recuire, tarauder un trou et le retremper (p^r chaque trou en sus. 5 centimes).	0 15	0 15	0 13	0 15
	*Boucher un trou de vis (platines transformées)..........................	»	0 05	»	0 05
	PIÈCES DE BASSINET (en fer).				
20	En fournir une neuve..................	»	0 20	»	0 20
	L'ajuster............................	»	0 10	»	0 10

LS [FUSILS]			MOUSQUETONS				PISTOLETS			
de DRAGON.		Carabine à tige, mod. 1846.	de GENDARMERIE.		de cavalerie, mod. 1822 transformé	d'artillerie, mod. 1829 transformé à tige	de cavalerie, mod. 1822 transformé	de GENDARMERIE.		de marine, modèle 1837.
modèle 1842.	mod. 1822 transformé		modèle 1842.	mod. 1825 transformé				modèle 1842.	mod. 1822 transformé	
fr. c.	fr. c.	fr. c.	fr. c.	fr. c.	fr. c.	fr. c.	fr. c.	fr. c.	fr. c.	fr. c.
»	»	»	0 05	0 05	»	»	»	»	»	»
»	»	»	0 20	0 20	»	»	»	»	»	»
»	»	»	0 05	0 05	»	»	»	»	»	»
»	»	»	0 05	0 05	»	»	»	»	»	»
»	»	»	0 26	0 26	»	»	»	»	»	»
»	»	»	0 10	0 10	»	»	»	»	»	»
»	»	»	0 05	0 05	»	»	»	»	»	»
»	»	»	0 04	0 04	»	»	»	»	»	»
»	»	»	0 05	0 05	»	»	»	»	»	»
»	»	»	0 10	0 10	»	»	»	»	»	»
6 04	5 47	6 04	5 31	5 47	5 00	5 00	5 00	4 66	4 10	5 14
0 25	0 25	0 25	0 25	0 25	0 25	0 25	0 25	0 25	0 25	0 25
»	0 10	»	»	0 10	0 10	0 10	0 10	»	0 10	»
0 71	0 79	0 71	0 54	0 79	0 72	0 72	0 72	0 44	0 60	0 40
0 75	1 00	0 75	0 75	1 00	0 95	0 95	0 95	0 70	0 90	0 70
0 20	0 20	0 20	0 20	0 20	0 20	0 20	0 20	0 20	0 20	0 20
0 15	0 15	0 15	0 15	0 15	0 15	0 15	0 15	0 15	0 15	0 15
»	0 05	»	»	0 05	0 05	0 05	0 05	»	0 05	»
»	0 20	»	»	0 20	0 18	0 18	0 18	»	0 15	»
»	0 10	»	»	0 10	0 10	0 10	0 10	»	0 10	»

FUSI

NUMÉROS D'ORDRE.	INDICATION DES PIÈCES D'ARMES ET DES RÉPARATIONS.	D'INFANTERIE de ligne ou légère.		de MARINE.	
		modèle 1842.	mod. 1822 transformé	modèle 1842.	mod. 1822 transformé
	CHIEN (en fer).	fr. c.	fr. c.	fr. c.	fr. c.
21	En fournir un neuf....................	1 37	1 33	1 37	1 33
	L'ajuster, fraiser la tête et achever le chien (y compris la trempe)..........	0 65	0 65	0 65	0 65
	*L'ajuster seulement (en service).......	0 05	0 05	0 05	0 05
	Le recuire, en ôter la rouille, l'adoucir et le retremper....................	0 20	0 20	0 20	0 20
	Le recuire, le relimer quand il est mutilé et le retremper..................	0 20	0 20	0 20	0 20
	*Rectifier la tombée du chien sur la cheminée..........................	0 10	0 10	0 10	0 10
	NOIX (en acier).				
22	En fournir une neuve...................	0 50	0 45	0 50	0 45
	L'achever et l'ajuster (y compris la trempe et l'ajustage de la chaînette)..	0 45	0 40	0 45	0 40
	*La recuire, la rajuster et la retremper (noix en fer).....................	»	0 15	»	0 15
	*Tout ajustage d'une noix en acier en service.............................	0 10	0 10	0 10	0 10
	*La retailler...........................	0 10	0 10	0 10	0 10
	*Arrondir l'ancien cran de repos (armes transformées).....................	»	0 12	»	0 12
	*Retarauder le trou de l'arbre (1)......	0 05	0 03	0 05	0 03
	GACHETTE (en acier).				
23	En fournir une neuve...................	0 41	0 28	0 41	0 28
	L'achever, l'ajuster et la tremper.......	0 10	0 10	0 10	0 10
	La recuire, la rajuster et la retremper (gâchette en fer)....................	»	0 10	»	0 10
	*La retailler...........................	0 03	0 03	0 03	0 05
	*Tout ajustage d'une gâchette en acier en service...........................	0 05	0 05	0 05	0 03
	BRIDE (en acier).				
24	En fournir une neuve.. { Modèle 1847...	0 50	»	0 50	»
	....	»	0 36	»	0 36
	{ Modèle 1840...	0 40	»	0 40	»
	L'ajuster, l'achever et la tremper.......	0 10	0 10	0 10	0 10

(1) Seulement, quand les filets sont usés ou qu'ils ne s'accordent pas

À FEU.

LS — de DRAGON. modèle 1842.	de DRAGON. mod. 1822 transformé	Carabine à tige, mod. 1846.	MOUSQUETONS de GENDARMERIE. modèle 1842.	de GENDARMERIE. mod. 1825 transformé	de cavalerie mod. 1822 transformé	d'artillerie, mod. 1829 transformé à tige	PISTOLETS de cavalerie, mod. 1822 transformé	de GENDARMERIE. modèle 1842.	de GENDARMERIE. mod. 1822 transformé	de marine, modèle 1837.
fr. c.	fr. c.	fr. c.	fr. c.	fr. c.	fr. c.	fr. c.	fr. c.	fr. c.	fr. c.	fr. c.
1 37	1 30	1 37	1 20	1 30	1 15	1 15	1 15	0 85	0 85	1 09
0 65	0 65	0 65	0 65	0 65	0 60	0 60	0 60	0 55	0 55	0 55
0 05	0 05	0 05	0 05	0 05	0 05	0 05	0 05	0 05	0 05	0 05
0 20	0 20	0 20	0 20	0 20	0 20	0 20	0 20	0 20	0 20	0 20
0 20	0 20	0 20	0 20	0 20	0 20	0 20	0 20	0 20	0 20	0 20
0 10	0 10	0 10	0 10	0 10	0 10	0 10	0 10	0 10	0 10	0 10
0 50	0 43	0 50	0 45	0 43	0 38	0 38	0 38	0 40	0 54	0 40
0 45	0 40	0 45	0 45	0 40	0 40	0 40	0 40	0 45	0 40	0 40
»	0 15	»	»	0 15	0 15	»	0 15	»	0 15	»
0 10	0 10	0 10	0 10	0 10	0 10	0 10	0 10	0 10	0 10	0 10
0 10	0 10	0 10	0 10	0 10	0 10	0 10	0 10	0 10	0 10	0 10
»	0 12	»	»	0 12	0 12	0 12	0 12	»	0 12	»
0 05	0 05	0 05	0 05	0 05	0 05	0 05	0 05	0 05	0 05	0 05
0 41	0 26	0 41	0 55	0 26	0 21	0 24	0 24	0 31	0 21	0 31
0 10	0 10	0 10	0 10	0 10	0 10	0 10	0 10	0 10	0 10	0 10
»	0 10	»	»	0 10	0 10	»	0 10	»	0 10	»
0 05	0 05	0 05	0 05	0 05	0 05	0 05	0 05	0 05	0 05	0 05
0 05	0 05	0 05	0 05	0 05	0 05	0 03	0 05	0 05	0 05	0 05
0 50	»	0 50	»	»	»	»	»	»	»	»
»	0 33	»	0 34	0 33	0 30	0 30	0 30	0 32	0 24	0 32
0 40	»	0 40	»	»	»	»	»	»	»	»
0 10	0 10	0 10	0 10	0 10	0 10	0 10	0 10	0 10	0 10	0 10

avec ceux d'une vis neuve.

FUSIL

NUMÉROS D'ORDRE.	INDICATION DES PIÈCES D'ARMES ET DES RÉPARATIONS.	D'INFANTERIE de ligne ou légère.		de MARINE.	
		modèle 1842.	mod. 1822 transformé	modèle 1842.	mod. 1822 transformé
	BRIDE (en acier) (*suite*).	fr. c.	fr. c.	fr. c.	fr. c.
	La recuire, la rajuster et la retremper (bride en fer)....................	0 10	0 10	0 10	0 10
	Tout ajustage d'une bride en acier en service....................	0 05	0 05	0 05	0 05
	GRAND RESSORT (en acier).				
25	En fournir un neuf........ } y compris la	0 80	0 60	0 80	0 60
	L'ajuster et l'achever..... } trempe.....	0 15	0 20	0 15	0 20
	'L'ajuster (en service)....................	0 03	0 05	0 05	0 05
	L'adoucir, quand il est rouillé ou mutilé.	0 05	0 03	0 05	0 05
	'Le retremper....................	0 10	0 10	0 10	0 10
	RESSORT DE GACHETTE (en acier).				
26	En fournir un neuf........ } y compris la	»	0 25	»	0 25
	L'ajuster et l'achever.... } trempe.....	»	0 05	»	0 05
	L'adoucir, quand il est rouillé ou mutilé.	»	0 05	»	0 05
	'Le retremper....................	»	0 05	»	0 05
	CHAINETTE (en acier).				
27	En fournir une neuve....................	0 16	»	0 16	»
	L'ajuster (y compris la trempe)	0 05	»	0 05	»
	VIS (en acier).				
28	En fournir une neuve. { de noix....................	0 08	0 08	0 08	0 08
	{ de gâchette....................	»	0 07	»	0 07
	{ de bride, de grand resssort, de ressort de gâchette, de pièce de bassinet................	0 06	0 06	0 06	0 06
	L'ajuster (y compris la trempe).........	0 10	0 10	0 10	0 10
	En retirer une cassée dans son écrou....	0 10	0 10	0 10	0 10
	Refaire la fente d'une vis mutilée.......	0 02	0 02	0 02	0 02
	GARNITURES.				
	BAGUETTE (en acier).				
29	En fournir une neuve. { Infanterie de ligne	1 22	1 22	»	»
	{ Infanterie légère......	1 18	1 18	1 18	1 18
	L'ajuster	0 03	0 03	0 03	0 03

(1) Sans le support.

A FEU.

LS		Carabine à tige, mod. 1846.	MOUSQUETONS				PISTOLETS			
de DRAGON.			de GENDARMERIE.		de cavalerie mod. 1822 transformé	d'artillerie, mod. 1829 transformé à tige	de cavalerie, mod. 1822 transformé	de GENDARMERIE.		de marine, modèle 1837.
modèle 1842.	mod. 1822 transformé		modèle 1842.	mod. 1825 transformé				modèle 1842.	mod. 1822 transformé	
fr. c.	fr. c.	fr. c.	fr. c.	fr. c.	fr. c.	fr. c.	fr. c.	fr. c.	fr. c.	fr. c.
0 10	0 10	0 10	0 10	0 10	0 10	0 10	0 10	0 10	0 10	0 10
0 05	0 05	0 05	0 05	0 05	0 05	0 05	0 05	0 05	0 05	0 03
0 80	0 55	0 80	0 70	0 55	0 50	0 50	0 50	0 65	0 40	0 63
0 15	0 20	0 15	0 15	0 20	0 20	0 20	0 20	0 15	0 20	0 15
0 05	0 05	0 05	0 05	0 05	0 05	0 05	0 05	0 05	0 05	0 05
0 05	0 05	0 05	0 05	0 05	0 05	0 05	1 05	0 05	0 05	0 05
0 10	0 10	0 10	0 10	0 10	0 10	0 10	0 10	0 10	0 10	0 10
»	0 25	»	»	0 25	0 22	0 22	0 22	»	0 20	»
»	0 05	»	»	0 05	0 05	0 05	0 05	»	0 05	»
»	0 05	»	»	0 05	0 05	0 05	0 05	»	0 05	»
»	0 05	»	»	0 05	0 05	0 05	0 05	»	0 05	»
0 16	»	0 16	0 16	»	»	»	»	0 16	»	0 16
0 05	»	0 05	0 05	»	»	»	»	0 05	»	»
0 08	0 08	0 08	0 07	0 07	0 07	0 07	0 07	0 06	0 06	0 06
»	0 07	»	»	0 07	0 07	0 07	0 07	»	0 07	»
0 06	0 06	0 06	0 06	0 06	0 06	0 06	0 06	0 06	0 06	0 06
0 10	0 10	0 10	0 10	0 10	0 10	0 10	0 10	0 10	0 10	0 10
0 10	0 10	0 10	0 10	0 10	0 10	0 10	0 10	0 10	0 10	0 10
0 02	0 02	0 02	0 02	0 02	0 02	0 02	0 02	0 02	0 02	0 02
1 02	1 02	1 80	0 80	0 80	0 95	1 30	0 37	0 27	0 27	(1) 0 53
»	»	»	»	»	»	»	»	»	»	»
0 03	0 03	»	»	»	»	»	»	»	»	0 05

NUMÉROS D'ORDRE.	INDICATION DES PIÈCES D'ARMES ET DES RÉPARATIONS.	FUSI			
		D'INFANTERIE de ligne ou légère.		de MARINE.	
		mo- dèle 1842.	mod. 1822 trans- formé	mo- dèle 1842.	mod. 1822 trans- formé
	BAGUETTE (en acier) (*suite*).	fr. c.	fr. c.	fr. c.	fr. c.
	Retarauder le bout....................	0 05	0 05	0 05	0 05
	Rafraîchir la tranche de l'évidement....	»	»	»	»
	Refaire l'évidement (y compris la trempe).	»	»	»	»
	Remplacer le bout taraudé, usé ou cassé, en soudant un morceau.............	0 20	0 20	0 20	0 20
	Redresser la baguette quand elle est faussée, et la passer au bleu (comme les lames de sabre)	0 15	0 15	0 15	0 15
	L'adoucir ou la polir....................	0 07	0 07	0 07	0 07
	*La faire jouer dans son canal	0 05	0 05	0 05	0 05
30	Fournir une tête de baguette...........	»	»	»	»
	L'ajuster	»	»	»	»
31	Fournir un support complet.............	»	»	»	»
	L'adapter à la baguette et l'ajuster au canon	»	»	»	»
32	Fournir une branche de support........	»	»	»	»
	L'ajuster.............................	»	»	»	»
33	Fournir un anneau à double pivot	»	»	»	»
	L'adapter à la baguette et l'ajuster avec les branches (y compris le démontage et le remontage de la tête)...........	»	»	»	»
34	Fournir une vis de support	»	»	»	»
	L'ajuster.............................	»	»	»	»
	Relimer et adoucir la baguette et son support, quand ces places sont mutilées ou rouillées..........................	»	»	»	»
	EMBOUCHOIR (en fer ou en laiton).				
35	En fournir un neuf....................	0 75	0 75	0 85	0 85
	L'ajuster	0 05	0 05	0 05	0 05
	Le remandriner	0 05	0 05	0 05	0 05
	En réparer un mutilé..................	0 05	0 05	0 05	0 05
	GRENADIÈRE (en fer ou en laiton).				
36	En fournir une neuve complète.........	0 50	0 50	0 57	0 57
	L'ajuster sur le bois et l'achever	0 05	0 05	0 05	0 05
	La remandriner	0 05	0 05	0 05	0 05
	En réparer une mutilée................	0 05	0 05	0 05	0 05

(1) Modèle an XII.

A FEU.

FUSILS de DRAGON. modèle 1842.	de DRAGON. mod. 1822 transformé	Carabine à tige, mod. 1846.	MOUSQUETONS de GENDARMERIE. modèle 1842.	de GENDARMERIE. mod. 1825 transformé	de cavalerie, mod. 1822 transformé	d'artillerie, mod. 1829 transformé à tige	PISTOLETS de cavalerie, mod. 1822 transformé	de GENDARMERIE. modèle 1842.	de GENDARMERIE. mod. 1822 transformé	de marine, modèle 1837.
fr. c.	fr. c.	fr. c.	fr. c.	fr. c.	fr. c.	fr. c.	fr. c.	fr. c.	fr. c.	fr. c.
0 05	0 05	0 05	0 05	0 05	0 05	0 05	0 05	0 05	0 05	»
»	»	0 05	»	»	»	0 05	»	»	»	»
»	»	0 20	»	»	»	0 20	»	»	»	»
0 20	0 20	0 20	0 20	0 20	»	0 20	»	»	»	»
0 15	0 15	0 15	0 15	0 15	0 10	0 10	0 05	0 05	0 05	0 05
0 07	0 07	0 07	0 06	0 06	0 06	0 06	0 04	0 04	0 04	0 04
0 05	0 05	0 05	0 05	0 03	»	0 05	0 05	0 05	0 05	0 03
»	»	»	»	»	»	»	»	»	»	0 25
»	»	»	»	»	»	»	»	»	»	0 05
»	»	»	»	»	»	»	»	»	»	0 64
»	»	»	»	»	»	»	»	»	»	0 15
»	»	»	»	»	»	»	»	»	»	0 18
»	»	»	»	»	»	»	»	»	»	0 05
»	»	»	»	»	»	»	»	»	»	0 17
»	»	»	»	»	»	»	»	»	»	0 10
»	»	»	»	»	»	»	»	»	»	0 05
»	»	»	»	»	»	»	»	»	»	0 02
»	»	«	»	»	»	»	»	»	»	0 10
0 85	0 85	0 75	0 78	0 78	»	»	(1) 0 70	»	(1) 0 55	»
0 05	0 05	0 05	0 05	0 05	»	»	0 05	»	0 05	»
0 05	0 05	0 03	0 05	0 05	»	»	0 05	»	0 05	»
0 05	0 05	0 05	0 05	0 05	»	»	0 05	»	0 05	»
0 57	0 57	0 66	0 61	0 61	»	»	»	»	»	»
0 05	0 05	0 05	0 05	0 05	»	»	»	»	»	»
0 03	0 03	0 03	0 03	0 03	»	»	»	»	»	»
0 05	0 05	0 05	0 05	0 05	»	»	»	»	»	■

NUMÉROS D'ORDRE.	INDICATION DES PIÈCES D ARMES ET DES RÉPARATIONS.	FUSI D'INFANTERIE de ligne ou légère.		de MARINE.	
		mo- dèle 1842.	mod. 1822 trans- formé	mo- dèle 1842.	mod. 1822 trans- formé
	GRENADIÈRE (en fer ou en laiton) (*suite*).	fr. c.	fr. c.	fr. c.	fr. c.
37	Fournir un anneau de battant et son rivet.	0 15	0 15	0 15	0 15
	L'ajuster..........................	0 05	0 05	0 05	0 05
38	Fournir et ajuster un rivet seulement...	0 05	0 05	0 05	0 05
	Remandriner l'anneau..................	0 03	0 03	0 03	0 03
	CAPUCINE (en fer ou en laiton).				
39	En fournir une neuve..................	0 25	0 25	0 35	0 35
	Idem avec battant....................	»	»	»	»
	L'ajuster sur le bois et l'achever.......	0 05	0 05	0 05	0 05
	La Remandriner......................	0 05	0 05	0 05	0 05
	En réparer une mutilée................	0 03	0 05	0 05	0 05
	Fournir une capucine avec tringle et vis ajustées.....................	»	»	»	»
40	Fournir une vis de capucine............	»	»	»	»
	L'ajuster...........................	»	»	»	»
41	Fournir un anneau de battant et son rivet.	»	»	»	»
	L'ajuster...........................	»	»	»	»
	Remandriner l'anneau.................	»	»	»	»
	*Braser une bride criquée..............	»	»	»	»
	SOUS-GARDE COMPLÈTE.				
42	En fournir une neuve..................	2 42	2 25	2 52	2 36
	Idem pour les modèles an IX...........	»	»	»	»
	L'ajuster sur le bois, et régler la détente.	0 25	0 25	0 25	0 25
	La relimer...........................	0 15	0 15	0 15	0 15
	ÉCUSSON (en fer).				
43	En fournir un neuf....................	1 00	0 97	1 00	0 97
	Idem pour les modèles an IX...........	»	»	»	»
	Ajuster toutes les pièces dessus.........	0 15	0 15	0 15	0 15
	*Resserrer la bouterolle et retarauder le trou....................	0 20	0 20	0 20	0 20
	Le relimer (n'y pas toucher sur les côtés).............................	0 06	0 06	0 06	0 06
44	Fournir un anneau de battant et son rivet.............................	»	»	»	»
	L'ajuster............................	»	»	»	»
	*Retarauder la bouterolle seulement....	0 03	0 03	0 03	0 03

(*) Avec battant.

FUSILS		Carabine à tige, mod. 1846.	MOUSQUETONS				PISTOLETS			
de DRAGON, modèle 1842.	de DRAGON, mod. 1822 transformé	Carabine à tige, mod. 1846.	de GENDARMERIE, modèle 1842.	de GENDARMERIE, mod. 1825 transformé	de cavalerie, mod. 1822 transformé	d'artillerie, mod. 1829 transformé à tige	de cavalerie, mod. 1822 transformé	de GENDARMERIE, modèle 1842.	de GENDARMERIE, mod. 1822 transformé	de marine, modèle 1837.
fr. c.	fr. c.	fr. c.	fr. c.	fr. c.	fr. c.	fr. c.	fr. c.	fr. c.	fr. c.	fr. c.
0 15	0 15	0 15	0 15	0 15	»	»	»	»	»	»
0 05	0 05	0 05	0 05	0 05	»	»	»	»	»	»
0 05	0 05	0 05	0 05	0 05	»	»	»	»	»	»
0 03	0 03	0 03	0 03	0 03	»	»	»	»	»	»
0 35	0 35	»	»	»	0 56	0 60	0 50	0 42	0 42	0 46
»	»	»	»	»	»	0 77	»	»	»	»
0 05	0 05	»	»	»	0 05	0 05	0 08	0 08	0 08	0 08
0 05	0 05	»	»	»	0 05	0 05	0 03	0 05	0 03	0 03
0 05	0 05	»	»	»	0 05	0 05	0 07	0 07	0 07	0 07
»	»	»	»	»	1 65	»	»	»	»	»
»	»	»	»	»	0 07	»	»	»	»	»
»	»	»	»	»	0 05	»	»	»	»	»
»	»	»	»	»	»	0 15	»	»	»	»
»	»	»	»	»	»	0 05	»	»	»	»
»	»	»	»	»	»	0 03	»	»	»	»
»	»	»	»	»	»	»	0 15	»	»	0 15
2 52	2 36	2 35	2 40	2 30	1 73	1 73	1 75	1 50	1 35	1 45
»	»	»	»	»	»	»	1 50	»	1 05	»
0 25	0 25	0 25	0 25	0 25	0 25	0 25	0 25	0 25	0 25	0 25
0 15	0 15	0 15	0 15	0 15	0 10	0 10	0 10	0 10	0 10	0 10
1 00	0 97	1 00	(1) 1 20	(1) 1 20	0 80	0 80	0 80	0 60	0 60	0 65
»	»	»	»	»	»	»	0 65	»	0 12	»
0 15	0 15	0 15	0 15	0 15	0 15	0 15	0 15	0 15	0 15	0 15
0 20	0 20	0 20	0 20	0 20	0 20	0 20	0 20	0 20	0 20	0 20
0 06	0 06	0 06	0 06	0 06	0 06	0 06	0 06	0 05	0 05	0 05
»	»	»	0 15	0 15	»	»	»	»	»	»
»	»	»	0 05	0 05	»	»	»	»	»	»
0 05	0 05	0 05	0 05	0 05	0 05	0 05	0 05	0 05	0 05	0 05

NUMÉROS D'ORDRE.	INDICATION DES PIÈCES D'ARMES ET DES RÉPARATIONS.	FUSI[L] D'INFANTERIE de ligne ou légère.		de MARINE.	
		modèle 1842.	mod. 1822 transformé	modèle 1842.	mod. 1822 transformé
	DÉTENTE (en acier).	fr. c.	fr. c.	fr. c.	fr. c.
44	En fournir une neuve..................	0 32	0 20	0 32	0 20
b.	L'ajuster...........................	0 10	0 10	0 10	0 10
45	'Mettre un support de goupille (pistolets modèle an IX)....................	»	»	»	»
	'Régler la détente (seulement quand elle n'a pas assez de jeu)	0 07	0 07	0 07	0 07
	VIS DE DÉTENTE (en acier).				
46	En fournir une neuve..... } y compris la	0 04	0 04	0 04	0 04
	L'ajuster.................. } trempe	0 03	0 03	0 03	0 03
	Rafraîchir la fente...................	0 02	0 02	0 02	0 02
	PONTET (en laiton ou en fer).				
47	En fournir un neuf...................	0 56	0 56	0 67	0 67
	Idem modèle an IX...................	»	»	»	»
	'L'ajuster...........................	0 10	0 10	0 10	0 10
	L'ajuster (en service)	0 05	0 05	0 03	0 05
	'Braser un crochet à un pontet en laiton.	»	»	0 20	0 20
	Relimer un pontet mutilé.............	0 06	0 06	0 06	0 06
48	Fournir une v.s de pontet. } y compris la	»	»	»	»
	L'ajuster............... } trempe.....	»	»	»	»
	Rafraîchir la fente...................	»	»	»	»
	BATTANT DE SOUS-GARDE (en fer).				
49	En fournir un neuf complet	0 28	0 28	0 28	0 28
	L'ajuster et le mettre en place	0 10	0 10	0 10	0 10
50	Fournir un pivot et le rivet............	0 10	0 10	0 10	0 10
	L'ajuster............................	0 05	0 05	0 05	0 05
51	Fournir un anneau de battant et son rivet.	0 15	0 15	0 13	0 13
	L'ajuster	0 03	0 03	0 03	0 03
	Remandriner l'anneau.................	0 03	0 03	0 03	0 03
52	Fournir et ajuster un rivet seulement ...	0 05	0 03	0 03	0 03
	GOUPILLE DE BATTANT DE SOUS-GARDE (en acier).				
53	Fournir et ajuster une goupille.........	0 06	0 06	0 06	0 06
	'La retremper	0 03	0 03	0 03	0 03

A FEU.

LS			MOUSQUETONS				PISTOLETS			
de DRAGON.	de DRAGON.	Carabine à tige,	de GENDARMERIE.	de GENDARMERIE.	de cavalerie	d'artillerie,	de cavalerie,	de GENDARMERIE.	de GENDARMERIE.	de marine,
modèle 1842.	mod. 1822 transformé	mod. 1846.	modèle 1842.	mod. 1825 transformé	mod. 1822 transformé	mod. 1829 transformé à tige	mod. 1822 transformé	modèle 1842.	mod. 1822 transformé	modèle 1837.
fr. c.	fr. c.	fr. c.	fr. c.	fr. c.	fr. c.	fr. c.	fr. c.	fr. c.	fr. c.	fr. c.
0 32	0 20	0 32	0 30	0 20	0 18	0 18	0 18	0 22	0 15	0 20
0 10	0 10	0 10	0 10	0 10	0 10	0 10	0 10	0 10	0 10	0 10
»	»	»	»	»	»	»	0 40	»	0 36	»
0 07	0 07	0 07	0 07	0 07	0 07	0 07	0 07	0 07	0 07	0 07
0 04	0 04	0 04	0 04	0 04	0 04	0 04	0 04	0 04	0 04	0 04
0 05	0 05	0 05	0 05	0 05	0 05	0 05	0 05	0 05	0 05	0 05
0 02	0 02	0 02	0 02	0 02	0 02	0 02	0 02	0 02	0 02	0 02
0 67	0 63	0 56	0 58	0 58	0 50	0 50	0 50	0 40	0 40	0 50
»	»	»	»	»	»	»	»	»	0 70	»
0 10	0 10	0 10	0 10	0 10	0 10	0 10	0 10	0 10	0 10	0 10
0 05	0 05	0 05	0 05	0 05	0 05	0 05	1 05	0 05	0 05	0 03
0 20	0 20	»	0 20	0 20	0 20	0 20	0 20	»	»	0 20
0 06	0 06	0 06	0 06	0 06	0 06	0 06	0 06	0 06	0 06	0 06
»	»	0 07	0 07	0 07	0 07	0 07	0 05	0 05	0 05	0 03
»	»	0 02	0 02	0 02	0 02	0 02	0 02	0 02	0 02	0 02
»	»	0 02	0 02	0 02	0 02	0 02	0 02	0 02	0 02	0 02
0 28	0 28	»	»	»	»	»	»	»	»	»
0 10	0 10	»	»	»	»	»	»	»	»	»
0 10	0 10	»	»	»	»	»	»	»	»	»
0 05	0 05	»	»	»	»	»	»	»	»	»
0 15	0 15	»	»	»	»	»	»	»	»	»
0 05	0 05	»	»	»	»	»	»	»	»	»
0 03	0 03	»	»	»	»	»	»	»	»	»
0 05	0 05	0 05	0 05	0 05	»	»	»	»	»	»
0 06	0 06	»	»	»	»	»	»	»	»	»
0 03	0 03	»	»	»	»	»	»	»	»	»

FUSI[1]

NUMÉROS D'ORDRE.	INDICATION DES PIÈCES D'ARMES ET DES RÉPARATIONS.	D'INFANTERIE de ligne ou légère.		de MARINE.	
		modèle 1842.	mod. 1822 transformé	modèle 1842.	mod. 1822 transformé
	BATTANT DE CROSSE (en fer).	fr. c.	fr. c.	fr. c.	fr. c.
54	En fournir un neuf complet	»	»	»	»
	L'ajuster.............................	»	»	»	»
55	Fournir un anneau de battant et son rivet.	»	»	»	»
	L'ajuster.............................	»	»	»	»
	Remandriner l'anneau..................	»	»	»	»
56	Fournir l'embase du battant............	»	»	»	»
	L'ajuster sur l'anneau et sur le bois	»	»	»	»
57	Fournir et mettre en place une des vis à bois de l'embase (y compris la trempe).	»	»	»	»
	Rafraîchir la fente....................	»	»	»	»
	PORTE-VIS (en fer ou en laiton).				
58	En fournir un neuf....................	»	0 12	»	0 22
	L'ajuster.............................	»	0 05	»	0 05
	Le relimer (n'y pas toucher sur les côtés).	»	0 04	»	0 04
	ROSETTE (en fer).				
59	En fournir une neuve..................	0 15	»	0 15	»
	L'ajuster (y compris la trempe)	0 05	»	0 05	»
	*La recuire, la retarauder et la retremper.	0 07	»	0 07	»
	CROCHET DE CEINTURE (en acier).				
60	En fournir un neuf....................	»	»	»	»
	L'ajuster.............................	»	»	»	»
	Le relimer............................	»	»	»	»
	*Le retremper et l'adoucir.............	»	»	»	»
	*Retarauder une bouterolle............	»	»	»	»
	PLAQUE DE COUCHE (en fer ou en laiton).				
61	En fournir une neuve	0 67	0 67	0 67	0 67
	Idem pour fusil de dragon modèle 1847..	»	»	»	»
	L'ajuster.............................	0 10	0 10	0 10	0 10
	Le relimer (n'y pas toucher sur les côtés).	0 07	0 07	0 07	0 07
	VIS ET RESSORTS DE GARNITURES.				
62	Fournir une grande vis de platine ou de culasse (en acier).	0 13	0 13	0 13	0 13
	La mettre en place .... (y compris la trempe.)	0 06	0 06	0 06	0 06
63	Fournir une vis-crochet de platine (en acier)........	0 09	»	0 09	»
	La mettre en place	0 06	»	0 06	»

(1) Pistolet de marine, modèle 1822.

A FEU.

FUSILS de DRAGON, modèle 1842.	FUSILS de DRAGON, mod. 1822 transformé	Carabine à tige, mod. 1846.	MOUSQUETONS de GENDARMERIE, modèle 1842.	MOUSQUETONS de GENDARMERIE, mod. 1825 transformé	MOUSQUETONS de cavalerie, mod. 1822 transformé	MOUSQUETONS d'artillerie, mod. 1829 transformé à tige	PISTOLETS de cavalerie, mod. 1822 transformé	PISTOLETS de GENDARMERIE, modèle 1842.	PISTOLETS de GENDARMERIE, mod. 1822 transformé	PISTOLETS de marine, modèle 1837.
fr. c.	fr. c.	fr. c.	fr. c.	fr. c.	fr. c.	fr. c.	fr. c.	fr. c.	fr. c.	fr. c.
»	»	0 46	»	»	»	0 44	»	»	»	»
»	»	0 05	»	»	»	0 05	»	»	»	»
»	»	0 15	»	»	»	0 15	»	»	»	»
»	»	0 05	»	»	»	0 05	»	»	»	»
»	»	0 03	»	»	»	0 03	»	»	»	»
»	»	0 24	»	»	»	0 23	»	»	»	»
»	»	0 10	»	»	»	0 10	»	»	»	»
»	»	0 13	»	»	»	0 13	»	»	»	»
»	»	0 02	»	»	»	0 02	»	»	»	»
»	0 20	»	»	0 20	0 17	0 17	0 17	»	0 09	»
»	0 05	»	»	0 05	0 05	0 05	0 05	»	0 05	»
»	0 04	»	»	0 04	0 04	0 04	0 04	»	0 04	»
0 15	»	0 15	0 15	»	»	»	»	0 11	»	»
0 05	»	0 05	0 05	»	»	»	»	0 05	»	»
0 07	»	0 07	0 07	»	»	»	»	0 07	»	»
»	»	»	»	»	»	»	(1) 0 63	»	»	0 65
»	»	»	»	»	»	»	0 10	»	»	0 10
»	»	»	»	»	»	»	0 05	»	»	0 05
»	»	»	»	»	»	»	0 40	»	»	0 10
»	»	»	»	»	»	»	»	»	»	0 05
1 05	1 05	0 67	1 00	1 00	0 69	0 69	»	»	»	»
1 35	»	»	»	»	»	»	»	»	»	»
0 10	0 10	0 10	0 10	0 10	0 10	0 10	»	»	»	»
0 07	0 07	0 07	0 06	0 06	0 06	0 06	»	»	»	»
0 13	0 13	0 13	0 11	0 11	0 11	0 11	0 11	0 08	0 08	0 08
0 06	0 06	0 06	0 06	0 06	0 06	0 06	0 06	0 06	0 06	0 06
0 09	»	0 09	0 08	»	»	»	»	0 07	»	»
0 06	»	0 06	0 06	»	»	»	»	0 06	»	»

NUMÉROS D'ORDRE.	INDICATION DES PIÈCES D'ARMES ET DES RÉPARATIONS.	FUSI D'INFANTERIE de ligne ou légère.		de MARINE.	
		modèle 1842.	mod. 1822 transformé	modèle 1842.	mod. 1822 transformé
	VIS ET RESSORTS DE GARNITURES (*suite*).	fr. c.	fr. c.	fr. c.	fr. c.
64	Fournir une vis de plaque ou de sous-garde (en fer).... } y compris la trempe.	0 07	0 07	0 07	0 07
	La mettre en place.........	0 05	0 06	0 06	0 06
	Rafraîchir la fente d'une vis...........	0 02	0 02	0 02	0 02
65	Fournir un ressort de capucine, de grenadière ou d'embouchir .... } y compris la trempe.	0 07	0 07	0 07	0 07
66	Idem d'embouchoir de pistolet, modèle an IX......	»	»	»	»
	Le mettre en place........	0 05	0 05	0 05	0 05
67	Fourn. un ressort de baguette } y compris	0 12	0 12	0 12	0 12
	Le mettre en place........ } la trempe.	0 05	0 05	0 05	0 05
68	Fournir une goupille de ressort de baguette et la mettre en place (en acier).	0 05	0 05	0 03	0 05
	Retremper un ressort ou une goupille de ressort de baguette	0 03	0 03	0 03	0 03
	TAQUET (en fer).				
69	En fournir un neuf et le mettre en place.	»	»	»	»
	TRINGLE (en fer).				
70	En fournir une neuve..................	»	»	»	»
	L'ajuster.....................	»	»	»	»
	La redresser et la relimer............	»	»	»	»
71	Fournir une vis .... } y compris la trempe......	»	»	»	»
	L'ajuster....................	»	»	»	»
72	Fournir un anneau...................	»	»	»	»
	Le remandriner et le relimer..........	»	»	»	»
73	Fournir une rosette de vis de tringle....	»	»	«	»
	L'ajuster.....................	»	»	«	»
	BRIDE DE POIGNÉE (en fer).				
74	En fournir une neuve..................	»	»	»	»
	L'ajuster	»	»	»	»
	La relimer (n'y pas toucher sur les côtés).	»	»	»	»
75	Fournir une vis de poignée. } y compris	»	»	»	»
	L'ajuster................. } la trempe.	»	»	»	»
	Rafraîchir la fente..................	»	»	»	»

A FEU.

FUSILS de DRAGON, modèle 1842. fr. c.	FUSILS de DRAGON, mod. 1822 transformé fr. c.	Carabine à tige, mod. 1846. fr. c.	MOUSQUETONS de GENDARMERIE, modèle 1842. fr. c.	MOUSQUETONS de GENDARMERIE, mod. 1825 transformé fr. c.	MOUSQUETONS de cavalerie, mod. 1822 transformé fr. c.	MOUSQUETONS d'artillerie, mod. 1829 transformé à tige fr. c.	PISTOLETS de cavalerie, mod 1822 transformé fr. c.	PISTOLETS de GENDARMERIE, modèle 1842. fr. c.	PISTOLETS de GENDARMERIE, mod. 1822 transformé fr. c.	PISTOLETS de marine, modèle 1837. fr. c.
0 07	0 07	0 07	0 06	0 06	0 06	0 06	»	»	»	»
0 06	0 06	0 06	0 06	0 06	0 06	0 06	»	»	»	»
0 02	0 02	0 02	0 02	0 02	0 02	0 02	»	»	»	»
0 07	0 07	0 07	0 07	0 07	»	0 07	»	»	»	»
»	»	»	»	»	»	»	0 07	»	0 07	»
0 05	0 05	0 05	0 05	0 05	»	0 03	0 03	»	0 05	»
0 12	0 12	0 12	0 12	0 12	»	»	»	»	»	»
0 05	0 05	0 05	0 05	0 05	»	»	»	»	»	»
0 05	0 05	0 05	0 05	0 05	»	»	»	»	»	»
0 03	0 03	0 03	0 03	0 03	»	»	»	»	»	»
»	»	»	0 05	0 05	»	»	»	»	»	»
»	»	»	»	»	0 90	»	»	»	»	»
»	»	»	»	»	0 10	»	»	»	»	»
»	»	»	»	»	0 05	»	»	»	»	»
»	»	»	»	»	0 08	»	»	»	»	»
»	»	»	»	»	0 05	»	»	»	»	»
»	»	»	»	»	0 10	»	»	»	»	»
»	»	»	»	»	0 05	»	»	»	»	»
»	»	»	»	»	0 12	»	»	»	»	»
»	»	»	»	»	0 05	»	»	»	»	»
»	»	»	»	»	»	»	0 50	»	»	»
»	»	»	»	»	»	»	0 20	»	»	»
»	»	»	»	»	»	»	0 05	»	»	»
»	»	»	»	»	»	»	0 10	0 08	0 08	0 08
»	»	»	»	»	»	»	0 05	0 05	0 05	0 05
»	»	»	»	»	»	»	0 02	0 02	0 02	0 02

NUMÉROS D'ORDRE.	INDICATION DES PIÈCES D'ARMES ET DES RÉPARATIONS.	FUSI[l] D'INFANTERIE de ligne ou légère.		de MARINE.	
		modèle 1842.	mod. 1822 transformé	modèle 1842.	mod. 1822 transformé
	CALOTTE (en fer ou en laiton).	fr. c.	fr. c.	fr. c.	fr. c.
76	En fournir une neuve.................	»	»	»	»
	L'ajuster............................	»	»	»	»
	En relimer une mutilée (n'y pas toucher sur les côtés)	»	»	»	»
	VIS DE CALOTTE (en fer).				
77	En fournir une neuve avec anneau.....	»	»	»	»
	Idem sans anneau......... ⎱ y compris	»	»	»	»
	L'ajuster................. ⎰ la trempe.	»	»	»	»
	Remandriner l'anneau..................	»	»	»	»
	Fournir et mettre en place un écrou de vis à anneau	»	»	»	»
	MONTURES.				
78	Fournir un bois dressé et ébauché......	2 10	2 10	2 10	2 10
	Monter et ajuster toutes les pièces sur le bois, et achever le bois.............	2 75	2 75	2 75	2 75
79	Fournir une enture .... { grande..	0 35	0 35	0 35	0 35
	{ petite...	0 25	0 25	0 25	0 25
	Mettre en place une enture.. { grande..	0 75	0 75	0 75	0 75
	{ petite...	0 45	0 45	0 45	0 45
	Gratter et polir le bois entier (en service).	0 20	0 20	0 20	0 20
	Gratter et polir une partie de la monture.	0 05	0 05	0 05	0 05
	Mettre une cheville dans le trou d'une goupille ou d'une vis à bois, et rajuster la pièce qui s'y rapporte.............	0 20	0 20	0 20	0 20
80	·Support ⎧ Fournir et mettre en place un d'oreille ⎨ support.................... (en fer). ⎩	0 25	0 25	0 25	0 25
	Idem la rosette seulement...	0 13	0 13	0 13	0 13
	Idem la vis seulement.......	0 12	0 12	0 12	0 12
	·Oter du bois dans le logement de la platine, lorsque le jeu des pièces est gêné.	0 06	0 06	0 06	0 06
	NETTOYAGE DE L'ARME OU DES PRINCIPALES PARTIES DE L'ARME.				
81	Nettoyage de toute l'arme, y compris la bayonnette. ⎰ Grand, quand les pièces sont à relimer........	0 85	0 85	0 85	0 85
	Moyen, sans relimer les pièces................	0 50	0 50	0 50	0 50
	Léger	0 30	0 30	0 30	0 30

(1) Pistolet de marine, modèle 1822.

A FEU.

de DRAGON, modèle 1842 (fr. c.)	de DRAGON, mod. 1822 transformé (fr. c.)	Carabine à tige, mod. 1846 (fr. c.)	MOUSQUETONS de gendarmerie, modèle 1842 (fr. c.)	MOUSQUETONS de gendarmerie, mod. 1825 transformé (fr. c.)	MOUSQUETONS de cavalerie, mod. 1822 transformé (fr. c.)	MOUSQUETONS d'artillerie, mod. 1829 transformé à tige (fr. c.)	PISTOLETS de cavalerie, mod. 1822 transformé (fr. c.)	PISTOLETS de gendarmerie, modèle 1842 (fr. c.)	PISTOLETS de gendarmerie, mod. 1822 transformé (fr. c.)	PISTOLETS de marine, modèle 1837 (fr. c.)
»	»	»	»	»	»	»	0 50	0 35	0 55	0 40
»	»	»	»	»	»	»	0 40	0 40	0 10	0 40
»	»	»	»	»	»	»	0 06	0 06	0 06	0 06
»	»	»	»	»	»	»	0 39 (1)	»	»	0 39
»	»	»	»	»	»	»	0 05	0 05	0 05	0 05
»	»	»	»	»	»	»	0 05	0 05	0 05	0 05
»	»	»	»	»	»	»	0 05	»	»	0 05
»	»	»	»	»	»	»	»	»	»	0 08
2 10	2 10	2 10	1 20	1 20	0 95	0 95	0 35	0 30	0 30	0 30
2 75	2 75	2 75	2 60	2 60	2 30	2 50	2 30	2 10	2 10	2 10
0 35	0 35	»	»	»	»	»	»	»	»	»
0 25	0 25	0 25	0 25	0 25	»	»	»	»	»	»
0 75	0 75	»	»	»	»	»	»	»	»	»
0 45	0 45	0 45	0 45	0 45	»	»	»	»	»	»
0 20	0 20	0 20	0 20	0 20	0 20	0 20	0 12	0 12	0 12	0 12
0 05	0 05	0 05	0 05	0 05	0 05	0 05	0 05	0 05	0 05	0 05
0 20	0 20	0 20	0 20	0 20	0 20	0 20	0 20	0 20	0 20	0 20
0 25	0 25	0 25	0 25	0 25	0 25	0 25	0 25	»	»	»
0 13	0 13	0 13	0 13	0 13	0 13	0 13	0 13	»	»	»
0 12	0 12	0 12	0 12	0 12	0 12	0 12	0 12	»	»	»
0 06	0 06	0 06	0 06	0 06	0 06	0 06	0 06	0 06	0 06	0 06
0 80	0 80	0 85	0 80	0 80	0 65	0 65	0 50	0 50	0 50	0 50
0 45	0 45	0 50	0 45	0 45	0 35	0 35	0 30	0 30	0 30	0 30
0 25	0 25	0 30	0 25	0 25	0 20	0 20	0 15	0 15	0 15	0 15

NUMÉROS D'ORDRE.	INDICATION DES PIÈCES D'ARMES ET DES RÉPARATIONS.	FUSI — D'INFANTERIE de ligne ou légère.		de MARINE.	
		modèle 1842.	mod. 1822 trans-formé	modèle 1842.	mod. 1822 trans-formé
	NETTOYAGE DE L'ARME OU DES PRINCIPALES PARTIES DE L'ARME (*suite*).	fr. c.	fr. c.	fr. c.	fr. c.
	Platine....... { Grand, quand les pièces sont à relimer.......	0 40	0 40	0 40	0 40
	Moyen, sans relimer les pièces..............	0 18	0 18	0 18	0 18
	Léger	0 12	0 12	0 12	0 12
	Canon........ { Quand il faut le limer à la lime douce........	0 25	0 25	0 25	0 25
	Sans se servir de la lime.	0 10	0 10	0 10	0 10
	ACCESSOIRES. TIRE-BALLES (en acier).				
82	En fournir un neuf. { Ancien modèle....	0 24	0 24	0 24	0 24
	Modèle 1841	0 68	0 68	0 68	0 68
	Fournir un tire-bourre................	0 44	0 44	0 44	0 44
	Idem un tire-fond	0 24	0 24	0 24	0 24
	Redresser les branches faussées, refaire les pointes, et retremper les branches.	0 05	0 05	0 05	0 05
	NÉCESSAIRE D'ARMES.				
83	En fournir un complet	1 43	1 43	1 43	1 43
	Boîte........ { En fournir une neuve avec l'huilier........	1 02	1 02	1 02	1 02
	Idem sans l'huilier......	0 62	0 62	0 62	0 62
	Fournir le fond en acier, l'ajuster et le braser..	0 25	0 25	0 25	0 25
	Braser le fond seulement.	0 05	0 05	0 05	0 05
	Redresser et mandriner la boîte mutilée ou bossuée (qu'il y ait ou non à la rebraser)....	0 05	0 05	0 05	0 05
	Remplacer et fixer le tampon en bois	0 05	0 05	0 05	0 05
	Huilier...... { En fournir un complet ..	0 40	0 40	0 40	0 40
	Fournir et braser le fond en fer...............	0 25	0 25	0 25	0 25
	Fournir une vis-bouchon et sa rondelle en cuir.	0 07	0 07	0 07	0 07

A FEU.

FUSI**LS** de DRAGON. modèle 1842.	FUSILS de DRAGON. mod. 1822 transformé	Carabine à tige, mod. 1846.	MOUSQUETONS de GENDARMERIE. modèle 1842.	MOUSQUETONS de GENDARMERIE. mod. 1825 transformé	MOUSQUETONS de cavalerie, mod. 1822 transformé	MOUSQUETONS d'artillerie, mod. 1829 transformé à tige	PISTOLETS de cavalerie, mod. 1822 transformé	PISTOLETS de GENDARMERIE. modèle 1842.	PISTOLETS de GENDARMERIE. mod. 1822 transformé	PISTOLETS de marine, modèle 1837.
fr. c.	fr. c.	fr. c.	fr. c.	fr. c.	fr. c.	fr. c.	fr. c.	fr. c.	fr. c.	fr. c.
0 40	0 40	0 40	0 38	0 38	0 38	0 38	0 38	0 35	0 35	0 35
0 18	0 18	0 18	0 17	0 17	0 17	0 17	0 17	0 15	0 15	0 15
0 12	0 12	0 12	0 11	0 11	0 11	0 11	0 11	0 10	0 10	0 10
0 23	0 25	0 25	0 15	0 15	0 15	0 15	0 10	0 10	0 10	0 10
0 10	0 10	0 10	0 08	0 08	0 08	0 08	0 05	0 05	0 05	0 05
0 24	0 24	»	0 24	0 24	0 24	»	0 24	0 24	0 24	»
0 68	0 68	»	0 68	0 68	»	»	0 68	0 68	0 68	»
0 44	0 44	»	0 44	0 44	»	»	0 44	0 44	0 44	»
0 24	0 24	»	0 24	0 24	»	»	0 24	0 24	0 24	»
0 05	0 05	»	0 05	0 05	0 05	»	0 05	0 05	0 05	»
1 43	1 43	»	1 43	1 43	1 43	»	1 43	1 43	1 43	1 43
1 02	1 02	»	1 02	1 02	1 02	»	1 02	1 02	1 02	1 02
0 62	0 62	»	0 62	0 62	0 62	»	0 62	0 62	0 62	0 62
0 25	0 25	»	0 25	0 25	0 25	»	0 25	0 25	0 25	0 25
0 05	0 05	»	0 05	0 05	0 05	»	0 05	0 05	0 05	0 05
0 05	0 05	»	0 05	0 05	0 05	»	0 05	0 05	0 05	0 05
0 05	0 05	»	0 05	0 05	0 05	»	0 05	0 05	0 05	0 05
0 40	0 40	»	0 40	0 40	0 40	»	0 40	0 40	0 40	0 40
0 25	0 25	»	0 25	0 25	0 25	»	0 25	0 25	0 25	0 25
0 07	0 07	»	0 07	0 07	0 07	»	0 07	0 07	0 07	0 07

№ d'ordre	INDICATION DES PIÈCES D'ARMES ET DES RÉPARATIONS.	D'INFANTERIE de ligne ou légère.		de MARINE.	
		modèle 1842.	mod. 1822 transformé	modèle 1842.	mod. 1822 transformé
	NÉCESSAIRE D'ARMES (*suite*).	fr. c.	fr. c.	fr. c.	fr. c.
	Pièces du nécessaire d'armes. Fournir une lame de tourne-vis ajustée (en acier)	0 20	0 20	0 20	0 20
	Réparer (1) ses extrémités ébréchées ou faussées, y comp. l'ajustag.	0 05	0 05	0 05	0 05
	La retremper	0 05	0 05	0 05	0 05
	Fournir un bourre-noix.	0 10	0 10	0 10	0 10
	Idem un chasse-noix	0 07	0 07	0 07	0 07
	Idem une trousse en drap.	0 04	0 04	0 04	0 04
	Ajuster une lame de tourne-vis des deux côtés dans la fente du nécessaire	0 05	0 05	0 05	0 05
	MONTE-RESSORT (en fer ; petite vis en acier).				
84	En fournir un complet, modèle 1844	1 90	1 80	1 90	1 80
	Fournir une griffe	0 90	0 85	0 90	0 85
	Idem une barrette	0 50	0 45	0 50	0 45
	Idem une grande vis — y compris la trempe et l'ajustage.	0 45	0 45	0 45	0 45
	Idem une petite vis (en acier)	0 10	0 10	0 10	0 10
	Recuire, retailler et retremper la griffe ou la barrette	0 15	0 15	0 15	0 15
	CLÉ DE CHEMINÉE (en fer, avec mise d'acier).				
85	En fournir une neuve complète	0 90	0 90	0 90	0 90
	Retremper le carré, et river la clé sur le manche	0 10	0 10	0 10	0 10
	Refaire les arêtes et les angles du carré.	0 10	0 10	0 10	0 10
	Fournir et mettre un manche	0 10	0 10	0 10	0 10
	Fournir et mettre en place une virole	0 15	0 15	0 15	0 15
	TAMPON (en nerf de bœuf).				
86	En fournir un neuf avec la ficelle	0 15	0 15	0 15	0 15

(1) L'armurier doit réparer, sans rétribution, le bourre-noix et le

A FEU.

FUSILS de DRAGON. modèle 1842.	FUSILS de DRAGON. mod. 1822 transformé	Carabine à tige, mod. 1846.	MOUSQUETONS de GENDARMERIE. modèle 1842.	MOUSQUETONS de GENDARMERIE. mod. 1825 transformé	MOUSQUETONS de cavalerie, mod. 1822 transformé	MOUSQUETONS d'artillerie, mod. 1829 transformé à tige	PISTOLETS de cavalerie, mod. 1822 transformé	PISTOLETS de GENDARMERIE. modèle 1842.	PISTOLETS de GENDARMERIE. mod. 1822 transformé	PISTOLETS de marine, modèle 1837.
fr. c.	fr. c.	fr. c.	fr. c.	fr. c.	fr. c.	fr. c.	fr. c.	fr. c.	fr. c.	fr. c.
0 20	0 20	0 20	0 20	0 20	0 20	0 20	0 20	0 20	0 20	0 20
0 05	0 05	0 05	0 05	0 05	0 05	0 05	0 05	0 05	0 05	0 05
0 05	0 05	0 05	0 05	0 05	0 05	0 05	0 05	0 05	0 05	0 05
0 10	0 10	»	0 10	0 10	0 10	»	0 10	0 10	0 10	1 10
0 07	0 07	»	0 07	0 07	0 07	»	0 07	0 07	0 07	0 07
0 04	0 04	»	0 04	0 04	0 04	»	0 04	0 04	0 04	0 04
0 05	0 05	0 05	0 05	0 05	0 05	0 05	0 05	0 05	0 05	0 05
1 90	1 75	1 90	1 75	1 75	1 75	1 75	1 75	1 70	1 70	1 70
0 90	0 80	0 90	0 85	0 80	0 80	0 80	0 80	0 80	0 75	0 80
0 50	0 45	0 50	0 45	0 45	0 45	0 45	0 45	0 40	0 40	0 40
0 45	0 45	0 45	0 45	0 45	0 45	0 45	0 45	0 45	0 45	0 45
0 10	0 10	0 10	0 10	0 10	0 10	0 10	0 10	0 10	0 10	0 10
0 15	0 15	0 15	0 15	0 15	0 15	0 15	0 15	0 15	0 15	0 15
0 90	0 90	0 90	0 90	0 90	0 90	0 90	0 90	0 90	0 90	0 90
0 10	0 10	0 10	0 10	0 10	0 10	0 10	0 10	0 10	0 10	0 10
0 10	0 10	0 10	0 10	0 10	0 10	0 10	0 10	0 10	0 10	0 10
0 10	0 10	0 10	0 10	0 10	0 10	0 10	0 10	0 10	0 10	0 10
0 15	0 15	0 15	0 15	0 15	0 15	0 15	0 15	0 15	0 15	0 15
0 15	0 15	0 15	0 15	0 15	0 15	0 15	0 15	0 15	0 15	0 15

chasse-noix. (Décision ministérielle du 31 août 1839.)

NUMÉROS D'ORDRE.	INDICATION DES PIÈCES D'ARMES ET DES RÉPARATIONS.	FUSI			
		D'INFANTERIE de ligne ou légère.		de MARINE.	
		modèle 1842.	mod. 1822 transformé	modèle 1842.	mod. 1822 transformé
	ACCESSOIRES DES ARMES A TIGE.	fr. c.	fr. c.	fr. c.	fr. c.
	TIRE-BALLES (en acier).				
87	En fournir un neuf......................	»	»	»	»
	Retailler les dents (sans le recuire).....	»	»	»	»
	Le retremper et le blanchir (ne retremper qu'en cas de nécessité absolue)	»	»	»	»
	Le nettoyer seulement.................	»	»	»	»
	BROCHE (en acier).				
88	En fournir une neuve	»	»	»	»
	La retarauder........................	»	»	»	»
	La retremper et la blanchir.............	»	»	»	»
	La nettoyer seulement.................	»	»	»	»
	LAVOIR (en acier).				
89	En fournir un neuf............/........	»	»	»	»
	Le retremper et le blanchir.............	»	»	»	»
	Le nettoyer seulement.................	»	»	»	»
	CHASSE-NOIX (en acier).				
90	En fournir un neuf.....................	»	»	»	»
	Le retremper et le blanchir.............	»	»	»	»
	Le nettoyer seulement.................	»	»	»	»
	TOURNE-VIS Lame (voyez Nécessaire d'armes).				
91	Fournir un manche neuf avec sa virole..	»	»	»	»
	En fournir un sans virole..............	»	»	»	»
	Fournir une virole (avec la rondelle brasée)...............................	»	»	»	»
	Rebraser une rondelle (nettoyage compris)................................	»	»	»	»
	Fournir et mettre en place une rondelle (nettoyage compris)...................	»	»	»	»
	Ajuster une virole....................	»	»	»	»
	En réparer une mutilée................	»	»	»	»
	La nettoyer..........................	»	»	»	»

A FEU

...LS		Carabine à tige, mod. 1846.	MOUSQUETONS				PISTOLETS			de marine, modèle 1837.
de DRAGON.			de GENDARMERIE.		de cavalerie mod. 1822 transformé	d'artillerie, mod. 1829 transformé à tige	de cavalerie, mod. 1822 transformé	de GENDARMERIE.		
modèle 1842.	mod. 1822 transformé		modèle 1842.	mod. 1825 transformé				modèle 1842.	mod. 1822 transformé	
fr. c.	fr. c.	fr. c.	fr. c.	fr. c.	fr. c.	fr. c.	fr. c.	fr. c.	fr. c.	fr. c.
»	»	1 31	»	»	»	1 31	»	»	»	»
»	»	0 05	»	»	»	0 05	»	»	»	»
»	»	0 05	»	»	»	0 05	»	»	»	»
»	»	0 05	»	»	»	0 05	»	»	»	»
»	»	0 23	»	»	»	0 22	»	»	»	»
»	»	0 03	»	»	»	0 03	»	»	»	»
»	»	0 05	»	»	»	0 05	»	»	»	»
»	»	0 03	»	»	»	0 03	»	»	»	»
»	»	1 16	»	»	»	1 00	»	»	»	»
»	»	0 05	»	»	»	0 05	»	»	»	»
»	»	0 08	»	»	»	0 08	»	»	»	»
»	»	0 38	»	»	»	0 36	»	»	»	»
»	»	0 05	»	»	»	0 03	»	»	»	»
»	»	0 03	»	»	»	0 03	»	»	»	»
»	»	0 75	»	»	»	0 75	»	»	»	»
»	»	0 20	»	»	»	0 20	»	»	»	»
»	»	0 45	»	»	»	0 45	»	»	»	»
»	»	0 10	»	»	»	0 10	»	»	»	»
»	»	0 30	»	»	»	0 30	»	»	»	»
»	»	0 05	»	»	»	0 05	»	»	»	»
»	»	0 03	»	»	»	0 03	»	»	»	»
»	»	0 03	»	»	»	0 03	»	»	»	»

NUMÉROS D'ORDRE.	INDICATION DES PIÈCES D'ARMES ET DES RÉPARATIONS.	ARMES BLANCHES			
		Sabre de canonnier mont. mod. 1829.	SABRES de cavalerie de ligne.		
			mod. an 11 et an 13	modèle 1816.	modèle 1822.
		fr. c.	fr. c.	fr. c.	fr. c.
	SABRES ET ÉPÉES.				
	LAME (en acier).				
1	En fournir une neuve	5 30	6 70	6 70	6 30
	La monter	0 25	0 25	0 25	0 25
	La redresser et la passer au bleu	0 50	0 50	0 50	0 50
	La refourbir { à la meule de pierre	0 20	0 20	0 20	0 20
	à l'émeri et à la meule de bois seulement	0 25	0 25	0 25	0 25
	Refaire la pointe et le biseau	0 10	0 10	0 10	0 10
	Refaire le tranchant	0 15	0 15	0 15	0 15
	*Rallonger la soie (1)	0 20	0 20	0 20	0 20
	Fournir une cravate ou pièce en buffle	0 01	0 01	0 01	0 01
	FOURREAU (en tôle d'acier).				
2	En fournir un complet	8 85	10 15	9 80	9 75
	Le remandriner (2)	0 25	0 25	0 25	0 25
	Le redresser, quand il n'est que légèrement faussé	0 10	0 10	0 10	0 10
	Le dérouiller à la lime douce	0 60	0 60	0 60	0 60
	Nettoyer un fourreau non rouillé	0 15	0 15	0 15	0 15
	Rebraser une partie du fourreau	0 20	0 20	0 20	0 20
	Remplacer un bracelet (3)	1 30	1 30	1 30	1 30
	Mettre un manchon dans le trou agrandi du piton d'un bracelet	0 20	0 20	0 20	0 20
	CUVETTE ET RESSORT DE FOURREAU (en acier, fond de cuvette en fer).				
3	Fournir une cuvette neuve (à battes) avec ses rivets	»	0 85	0 85	0 70
	L'ajuster et la mettre en place	»	0 10	0 10	0 10
	Fournir un ressort de fourreau avec son rivet	0 10	»	»	»
	L'ajuster et le mettre en place	0 05	»	»	»
	Retremper les battes ou le ressort, y compris les rivets	0 10	0 20	0 20	0 20
	Fournir et braser un fond de cuvette	0 15	0 15	0 15	0 15

(1) Y compris le démontage et le remontage de la lame.
(2) Y compris ôter et remettre la cuvette ou le ressort.
(3) Y compris débraser le dard, le bracelet et les rebraser.

BLANCHES.

Sabres de cavalerie légère. mod. an 11 et an 13.	modèle 1816.	modèle 1822.	Cuirasses modèle 1825.	Hache de campement. mod. 1816.	Sabres d'infanterie. modèle 1816.	de troupes à pied mod. 1831.	Sabre d'artillerie à pied modèle 1816.	Épée de sous-officier du génie.	Sabre d'officier d'inf. non doré. mod. 1845.	Sabre baïonnette. modèle 1842.
(TROUPES A CHEVAL).					ARMES BLANCH. (TROUPES A PIED).					
fr. c.	fr. c.	fr. c.	fr. c.	fr. c.	fr. c.	fr. c.	fr. c.	fr. c.	fr. c.	fr. c.
5 20	6 15	6 40	»	»	3 40	3 90	4 55	5 30	6 60	4 85
0 25	0 25	0 25	»	»	0 20	0 25	0 50	0 30	0 30	0 35
0 50	0 50	0 50	»	»	0 30	0 30	0 30	0 50	0 50	0 30
0 20	0 20	0 20	»	»	0 15	0 15	0 15	0 15	0 20	0 15
0 25	0 25	0 25	»	»	0 20	0 20	0 20	0 20	0 25	0 20
0 10	0 10	0 10	»	»	0 10	0 40	0 10	0 05	0 10	0 10
0 15	0 15	0 15	»	»	0 15	0 15	0 15	»	0 15	0 15
0 20	0 20	0 20	»	»	0 20	0 20	0 40	0 20	0 20	0 30
0 01	0 01	0 01	»	»	0 01	0 01	0 01	»	»	»
10 20	9 70	9 85	»	»	»	»	»	»	»	4 15
0 25	0 25	0 25	»	»	»	»	»	»	»	0 25
0 10	0 10	0 10	»	»	»	»	»	»	»	0 10
0 60	0 60	0 60	»	»	»	»	»	»	»	0 30
0 15	0 15	0 15	»	»	»	»	»	»	»	0 10
0 20	0 20	0 20	»	»	»	»	»	»	»	0 20
1 30	1 30	1 30	»	»	»	»	»	»	»	»
0 20	0 20	0 20	»	»	»	»	»	»	»	»
0 75	0 70	0 70	»	»	»	»	»	»	»	0 30
0 10	0 10	0 10	»	»	»	»	»	»	»	0 10
»	»	»	»	»	»	»	»	»	»	»
»	»	»	»	»	»	»	»	»	»	»
(1) 0 20	0 20	0 20	»	»	»	»	»	»	»	0 20
0 15	0 15	0 15	»	»	»	»	»	»	»	0 10

8.

NUMÉROS D'ORDRE.	INDICATION DES PIÈCES D'ARMES ET DES RÉPARATIONS.	ARMES BLANCHES			
		Sabre de canonnier monté. mod. 1829.	SABRES de cavalerie de ligne.		
			mod. an 11 et an 13	modèle 1816.	modèle 1822.
	DARD (en acier).	fr. c.	fr. c.	fr. c.	fr. c.
4	En fournir un neuf.....................	0 25	0 25	0 25	0 25
	L'ajuster, le braser, l'adoucir, le tremper et le polir.......................	0 55	0 55	0 55	0 55
	Le relimer lorsqu'il est mutilé	0 03	0 03	0 05	0 03
	ANNEAU, BOUTON ET PONTET.				
5	Fournir un anneau neuf...............	0 05	0 05	0 05	0 05
	Le souder........................	0 15	0 15	0 15	0 15
6	Fournir un bouton de fourreau........	»	»	»	»
	Le braser et l'ajuster.................	»	»	»	»
7	Fournir un pontet	»	»	»	»
	L'ajuster, le river et le braser..........	»	»	»	»
	FÛT (1) (en bois).				
8	En fournir un neuf....................	»	0 55	»	»
	L'ajuster	»	0 15	»	»
	FOURREAU (en cuir).				
9	En fournir un complet.................	»	»	»	»
	Idem un nu...........................	»	»	»	»
	Recoudre un fourreau ancien modèle...	»	»	»	»
	Remplacer une alèze.................	»	»	»	»
	BOUT (en laiton).				
10	En fournir un nouveau modèle pour sabre de troupes à pied..............	»	»	»	»
	L'ajuster au cône intérieur, rivure et goupille comprises...................	»	»	»	»
11	Fournir un cône intérieur..............	»	»	»	»
	Fournir un bout ancien modèle.........	»	»	»	»
	Le coller et l'épingler.................	»	»	»	»
	Le redresser, y compris son ajustage sur le fourreau......................	»	»	»	»
	Transformer un bout ancien modèle en un bout nouveau modèle	»	»	»	»
	Rebraser un bout et le remettre en place................................	»	»	»	»

(1) Anciens fourreaux en tôle de fer des modèles an 11 et an 13.

BLANCHES.

(TROUPES A CHEVAL).					ARMES BLANCH. (TROUPES A PIED).					
SABRES de cavalerie légère.			Cuirasses modèle 1825.	Hache de campement. mod. 1816.	SABRES.		Sabre d'artillerie à pied modèle 1816.	Épée de sous-officier du génie	Sabre d'officier d'inf. non doré. mod. 1845.	Sabre baïonnette. modèle 1842.
mod. an 11 et an 13	modèle 1816.	modèle 1822.			d'infanterie modèle 1816.	de troupes à pied mod. 1831.				
fr. c.	fr. c.	fr. c.	fr. c.	fr. c.	fr. c.	fr. c.	fr. c.	fr. c.	fr. c.	fr. c.
0 30	0 25	0 25	»	»	»	»	»	»	»	»
0 55	0 53	0 53	»	»	»	»	»	»	»	»
0 05	0 03	0 03	»	»	»	»	»	»	»	»
0 05	0 05	0 05	»	»	»	»	»	»	»	»
0 15	0 15	0 15	»	»	»	»	»	»	»	»
»	»	»	»	»	0 05	0 04	0 04	0 05	0 13	0 05
»	»	»	»	»	0 40	0 15	0 15	0 10	0 25	0 15
»	»	»	»	»	»	»	»	»	»	0 05
»	»	»	»	»	»	»	»	»	»	0 15
0 55	»	»	»	»	»	»	»	»	»	»
0 15	»	»	»	»	»	»	»	»	»	»
»	»	»	»	»	2 45	3 63	3 68	2 95	8 70	»
»	»	»	»	»	1 25	1 80	1 80	1 20	3 90	»
»	»	»	»	»	0 10	0 10	0 10	0 10	»	»
»	»	»	»	»	»	0 10	0 10	»	»	»
»	»	»	»	»	»	0 77	0 82	»	1 25	»
»	»	»	»	»	»	0 15	0 15	»	0 15	»
»	»	»	»	»	»	0 24	0 24	»	0 30	»
»	»	»	»	»	0 45	0 65	0 70	0 63	»	»
»	»	»	»	»	0 10	0 10	0 10	0 10	»	»
»	»	»	»	»	0 15	0 15	0 15	0 15	0 15	»
»	»	»	»	»	»	0 10	0 10	»	»	»
»	»	»	»	»	0 15	0 15	0 15	0 15	0 15	»

NUMÉROS D'ORDRE.	INDICATION DES PIÈCES D'ARMES ET DES RÉPARATIONS.	ARMES BLANCHES			
		Sabre de canonnier monté. mod. 1829.	SABRES de cavalerie de ligne.		
			mod. an 11 et an 13	modèle 1816.	modèle 1822.
	CHAPE ET BRACELET (en laiton).	fr. c.	fr. c.	fr. c.	fr. c.
12	Fournir une chape neuve..............	»	»	»	»
	L'ajuster, la colier et l'épingler........	»	»	»	»
	La redresser, y compris son ajustage...	»	»	»	»
13	Fournir un pontet....................	»	»	»	»
	Le braser et remettre en place la chape.	»	»	»	»
14	Fournir et braser un bouton olive......	»	»	»	»
	Rebraser la chape et la remettre en place..............................	»	»	»	»
15	Fournir et coudre une lanière..........	»	»	»	»
16	Fournir un bracelet...................	»	»	»	»
	Le mettre en place...................	»	»	»	»
17	Fournir un écrou, soit de bracelet, soit de chape..........................	»	»	»	»
18	Idem une vis.........................	»	»	»	»
	Mettre l'un ou l'autre en place.........	»	»	»	»
19	Fournir un anneau en laiton...........	»	»	»	»
	Le braser............................	»	»	»	»
	—				
	MONTURE (en laiton).				
20	En fournir une complète..............	3 95	5 70	6 60	6 05
	L'ajuster et remonter la lame (1)......	0 35	0 35	0 35	0 35
	GARDE (en laiton).				
21	En fournir une neuve	2 20	4 10	4 70	4 20
	L'ajuster (y compris le démontage et le remontage)	0 30	0 30	0 30	0 30
	Braser une branche cassée (idem)......	0 25	0 30	0 30	0 30
	Redresser une branche forcée ou la coquille	0 05	0 05	0 05	0 05
22	Fournir un piton à crochet pour branche principale...........................	0 03	0 03	0 03	0 03
	Le braser et l'achever (y compris le démontage et le remontage)	0 40	0 40	0 40	0 40
23	Fournir et mettre en place un bouton demi-olive.........................	»	»	»	»

(1) Y compris dériver et alonger la soie.

BLANCHES.

(TROUPES A CHEVAL).					ARMES BLANCH. (TROUPES A PIED).					
SABRES de cavalerie légère.			Cuirasses modèle 1825.	Hache de campement. mod. 1816.	SABRES.		Sabre d'artillerie à pied modèle 1816.	Épée de sous-officier du génie	Sabre d'officier d'inf. non doré. mod. 1845.	Sabre baïonnette. modèle 1842.
mod. an 11 et an 13	modèle 1816.	modèle 1822.			d'infanterie. modèle 1816.	de troupes à pied mod. 1831.				
fr. c.	fr. c.	fr. c.	fr. c.	fr. c.	fr. c.	fr. c.	fr. c.	fr. c.	fr. c.	fr. c.
»	»	»	»	»	0 70	0 65	0 65	0 95	1 80	»
»	»	»	»	»	0 10	0 10	0 10	0 05	0 45	»
»	»	»	»	»	0 15	0 15	0 15	0 10	0 15	»
»	»	»	»	»	0 05	0 05	0 05	»	»	»
»	»	»	»	»	0 25	0 25	0 25	»	»	»
»	»	»	»	»	»	»	»	0 28	»	»
»	»	»	»	»	0 15	0 15	0 15	0 15	0 15	»
»	»	»	»	»	0 10	0 10	0 10	»	»	0 10
»	»	»	»	»	»	»	»	»	1 10	»
»	»	»	»	»	»	»	»	»	0 10	»
»	»	»	»	»	»	»	»	»	0 05	»
»	»	»	»	»	»	»	»	»	0 05	»
»	»	»	»	»	»	»	»	»	0 05	»
»	»	»	»	»	»	»	»	»	0 20	»
»	»	»	»	»	»	»	»	»	0 15	»
4 65	5 25	4 85	»	»	2 45	2 65	3 40	6 70	12 50	5 00
0 35	0 35	0 35	»	»	0 20	0 25	0 45	0 35	0 45	0 35
3 10	3 50	3 15	»	»	»	»	»	3 65	6 35	»
0 30	0 30	0 30	»	»	»	»	»	0 30	0 45	»
0 30	0 30	0 30	»	»	0 25	»	»	0 30	0 30	»
0 05	0 05	0 05	»	»	0 05	»	»	0 05	0 05	»
0 05	0 05	0 05	»	»	»	»	»	0 05	0 05	»
0 40	0 40	0 40	»	»	»	»	»	0 40	0 40	»
0 10	»	»	»	»	»	»	»	»	»	»

		ARMES BLANCHES			
		Sabre de canonnier mont. mod. 1829.	SABRES de cavalerie de ligne.		
NUMÉROS D'ORDRE.	INDICATION DES PIÈCES D'ARMES ET DES RÉPARATIONS.		mod. an 11 et an 13	modèle 1816.	modèle 1822.
		fr. c.	fr. c.	fr. c.	fr. c.
	POIGNÉE (en bois ou en laiton).				
24	En fournir une neuve garnie..........	0 85	0 65	1 00	1 00
	L'ajuster (y compris le démontage et le remontage)	0 30	0 30	0 30	0 30
25	Fournir et coller un cuir de poignée en veau (idem)......................	0 50	0 60	0 60	0 60
26	Fournir le filigrane et l'ajuster (idem) ..	0 35	0 35	0 35	0 35
27	Fournir et ajust. un bois de poignée (idem).	0 70	0 70	0 70	0 70
28	Fournir une croisière en fer..........	»	»	»	»
	La braser et l'ajuster sur la poignée (y compris le démontage et le remontage).	»	»	»	»
29	Fournir et ajuster un rivet de la soie ou du ressort.....................	»	»	»	»
30	Fournir un ressort..................	»	»	»	»
	L'ajuster et le mettre en place.........	»	»	»	»
31	Fournir un bouton de ressort (en acier).	»	»	»	»
	L'ajuster et le mettre en place.........	»	»	»	»
	POMMEAU OU CALOTTE (en laiton).				
32	En fournir un neuf..................	0 90	0 80	0 90	0 85
	L'ajuster (y compris le démontage et le remontage)	0 30	0 30	0 30	0 30
	VIROLE (en laiton).				
33	En fournir une supérieure............	»	»	»	»
	Fournir une virole inférieure	»	0 40	»	»
	L'ajuster (y compris le démontage et le remontage)	»	0 25	»	»
	RÉPARATIONS DIVERSES.				
34	Nettoyer à la lime une monture mutilée.	0 10	0 20	0 20	0 20
	Démonter une lame..................	0 05	0 05	0 05	0 05
	Remonter une lame..................	0 10	0 10	0 10	0 40
	Monter un sabre formé de diverses pièces provenant d'autres sabres, et nettoyer toutes les pièces....................	0 75	0 75	0 75	0 75
	Donner le fil (polissage compris)........	0 15	0 13	0 43	0 15
	Oter le fil (polissage compris)..........	0 05	0 05	0 05	0 05

(1) De fonte.

BLANCHES.

(TROUPES A CHEVAL).					ARMES BLANCH. (TROUPES A PIED).					
SABRES de cavalerie légère.			Cuirasses modèle 1825.	Hache de campement. mod. 1816.	SABRES.		Sabre d'artillerie à pied modèle 1816.	Épée de sous-officier du génie.	Sabre d'officier d'inf. non doré. mod. 1845.	Sabre baïonnette. modèle 1842.
mod. an 11 et an 13	modèle 1816.	modèle 1822.			d'infanterie modèle 1816.	de troupes à pied mod. 1831.				
fr. c.	fr. c.	fr. c.	fr. c.	fr. c.	fr. c.	fr. c.	fr. c.	fr. c.	fr. c.	fr. c. (1)
0 50	0 95	0 95	»	»	»	»	»	1 15	2 10	1 35
0 30	0 30	0 30	»	»	»	»	»	0 35	0 55	1 50
0 55	0 55	0 55	»	»	»	»	»	»	»	»
»	0 35	0 35	»	»	»	»	»	1 35	0 60	»
0 70	0 70	0 70	»	»	»	»	»	0 85	»	»
»	»	»	»	»	»	»	»	»	»	1 45
»	»	»	»	»	»	»	»	»	»	1 00
»	»	»	»	»	»	»	0 10	»	»	0 10
»	»	»	»	»	»	»	»	»	»	0 15
»	»	»	»	»	»	»	»	»	»	0 20
»	»	»	»	»	»	»	»	»	»	0 23
»	»	»	»	»	»	»	»	»	»	0 20
0 95	0 80	0 80	»	»	»	»	»	0 55	1 92	»
0 30	0 30	0 30	»	»	»	»	»	0 30	0 55	»
»	»	»	»	»	»	»	»	0 40	»	»
»	»	»	»	»	»	»	»	0 25	»	»
»	»	»	»	»	»	»	»	0 25	»	»
0 15	0 15	0 15	»	»	0 10	0 10	0 10	0 10	0 15	0 10
0 05	0 05	0 05	»	»	0 05	0 05	0 15	0 05	0 05	0 05
0 10	0 10	0 10	»	»	0 10	0 10	0 40	0 10	0 10	0 20
0 75	0 75	0 75	»	»	0 45	0 45	0 60	»	»	0 50
0 15	0 15	0 15	»	»	0 08	0 12	0 12	»	0 15	0 08
0 05	0 05	0 05	»	»	0 03	0 04	0 04	»	0 05	0 03

<table>
<tr><td rowspan="7">NUMÉROS D'ORDRE.</td><td rowspan="7">INDICATION
DES PIÈCES D'ARMES
ET DES RÉPARATIONS.</td><td colspan="4">ARMES BLANCHES</td></tr>
<tr><td rowspan="6">Sabre de canonnier mont. mod. 1829.</td><td colspan="3">SABRES de cavalerie de ligne.</td></tr>
<tr><td>mod. an 11 et an 13</td><td>modèle 1816.</td><td>modèle 1822.</td></tr>
</table>

LANCES.

		fr. c.	fr. c.	fr. c.	fr. c.
	LAME (en acier, douille en fer).				
35	En fournir une neuve......................	»	»	»	»
	L'ajuster sur la hampe..................	»	»	»	»
	La refourbir	»	»	»	»
	La réparer, quand elle est mutilée	»	»	»	»
	Refaire la pointe......................	»	»	»	»
	Braser une branche cassée (y compris le démontage et le remontage)	»	»	»	»
	Redresser la lame	»	»	»	»
	Noircir les branches	»	»	»	»
	SABOT (en fer).				
36	En fournir un neuf......................	»	»	»	»
	L'ajuster sur la hampe	»	»	»	»
	Le relimer.............................	»	»	»	»
	L'adoucir seulement	»	»	»	»
	En réparer un mutilé..................	»	»	»	»
	Noircir les branches	»	»	»	»
	VIS (en fer).				
37	Fournir une vis porte-étendard à boucle.	»	»	»	»
	Rafraîchir la fente d'une vis...........	»	»	»	»
	Mettre une vis en place................	»	»	»	»
58	Fournir et mettre en place une vis à bois.	»	»	»	»
	HAMPE (en frêne).				
39	En fournir une neuve..................	»	»	»	»
	La noircir	»	»	»	»
	La redresser au feu....................	»	»	»	»
	HACHE DE CAMPEMENT.				
40	Fournir un fer neuf (y compris l'ajustage du manche)........................	»	»	»	»
	Remplacer un manche et l'ajuster	»	»	»	»
	Nettoyer la hache......................	»	»	»	»
	Refaire le tranchant à la meule	»	»	»	»

BLANCHES.

<table>
<tr><th colspan="7">(TROUPES A CHEVAL).</th><th colspan="4">ARMES BL. (TR. A PIED).</th></tr>
<tr><th colspan="3">SABRES de cavalerie légère.</th><th colspan="2">LANCES.</th><th rowspan="2">Cuirasses modèle 1825.</th><th rowspan="2">Hache de campement. mod. 1816.</th><th rowspan="2">Sabre d'artillerie à pied modèle 1816.</th><th rowspan="2">Épée de sous-officier du génie</th><th rowspan="2">Sabre d'officier d'inf. non doré. mod. 1845.</th><th rowspan="2">Sabre baïonnette. modèle 1842.</th></tr>
<tr><th>mod. an 11 et an 13</th><th>modèle 1816.</th><th>modèle 1822.</th><th>modèle 1816.</th><th>modèle 1823.</th></tr>
<tr><td>fr. c.</td><td>fr. c.</td><td>fr. c.</td><td>fr. c.</td><td>fr. c.</td><td>fr. c.</td><td>fr. c.</td><td>fr. c.</td><td>fr. c.</td><td>fr. c.</td><td>fr. c.</td></tr>
<tr><td>»</td><td>»</td><td>»</td><td>2 96</td><td>4 19</td><td>»</td><td>»</td><td>»</td><td>»</td><td>»</td><td>»</td></tr>
<tr><td>»</td><td>»</td><td>»</td><td>0 30</td><td>0 50</td><td>»</td><td>»</td><td>»</td><td>»</td><td>»</td><td>»</td></tr>
<tr><td>»</td><td>»</td><td>»</td><td>0 15</td><td>0 15</td><td>»</td><td>»</td><td>»</td><td>»</td><td>»</td><td>»</td></tr>
<tr><td>»</td><td>»</td><td>»</td><td>0 10</td><td>0 10</td><td>»</td><td>»</td><td>»</td><td>»</td><td>»</td><td>»</td></tr>
<tr><td>»</td><td>»</td><td>»</td><td>0 10</td><td>0 10</td><td>»</td><td>»</td><td>»</td><td>»</td><td>»</td><td>»</td></tr>
<tr><td>»</td><td>»</td><td>»</td><td>0 20</td><td>0 20</td><td>»</td><td>»</td><td>»</td><td>»</td><td>»</td><td>»</td></tr>
<tr><td>»</td><td>»</td><td>»</td><td>0 20</td><td>0 20</td><td>»</td><td>»</td><td>»</td><td>»</td><td>»</td><td>»</td></tr>
<tr><td>»</td><td>»</td><td>»</td><td>»</td><td>0 10</td><td>»</td><td>»</td><td>»</td><td>»</td><td>»</td><td>»</td></tr>
<tr><td>»</td><td>»</td><td>»</td><td>2 51</td><td>2 51</td><td>»</td><td>»</td><td>»</td><td>»</td><td>»</td><td>»</td></tr>
<tr><td>»</td><td>»</td><td>»</td><td>0 30</td><td>0 30</td><td>»</td><td>»</td><td>»</td><td>»</td><td>»</td><td>»</td></tr>
<tr><td>»</td><td>»</td><td>»</td><td>0 10</td><td>0 10</td><td>»</td><td>»</td><td>»</td><td>»</td><td>»</td><td>»</td></tr>
<tr><td>»</td><td>»</td><td>»</td><td>0 10</td><td>0 10</td><td>»</td><td>»</td><td>»</td><td>»</td><td>»</td><td>»</td></tr>
<tr><td>»</td><td>»</td><td>»</td><td>0 10</td><td>0 10</td><td>»</td><td>»</td><td>»</td><td>»</td><td>»</td><td>»</td></tr>
<tr><td>»</td><td>»</td><td>»</td><td>»</td><td>0 10</td><td>»</td><td>»</td><td>»</td><td>»</td><td>»</td><td>»</td></tr>
<tr><td>»</td><td>»</td><td>»</td><td>0 18</td><td>0 22</td><td>»</td><td>»</td><td>»</td><td>»</td><td>»</td><td>»</td></tr>
<tr><td>»</td><td>»</td><td>»</td><td>0 02</td><td>0 02</td><td>»</td><td>»</td><td>»</td><td>»</td><td>»</td><td>»</td></tr>
<tr><td>»</td><td>»</td><td>»</td><td>0 05</td><td>0 05</td><td>»</td><td>»</td><td>»</td><td>»</td><td>»</td><td>»</td></tr>
<tr><td>»</td><td>»</td><td>»</td><td>0 05</td><td>0 05</td><td>»</td><td>»</td><td>»</td><td>»</td><td>»</td><td>»</td></tr>
<tr><td>»</td><td>»</td><td>»</td><td>1 80</td><td>1 80</td><td>»</td><td>»</td><td>»</td><td>»</td><td>»</td><td>»</td></tr>
<tr><td>»</td><td>»</td><td>»</td><td>0 15</td><td>0 15</td><td>»</td><td>»</td><td>»</td><td>»</td><td>»</td><td>»</td></tr>
<tr><td>»</td><td>»</td><td>»</td><td>0 20</td><td>0 20</td><td>»</td><td>»</td><td>»</td><td>»</td><td>»</td><td>»</td></tr>
<tr><td>»</td><td>»</td><td>»</td><td>»</td><td>»</td><td>»</td><td>2 65</td><td>»</td><td>»</td><td>»</td><td>»</td></tr>
<tr><td>»</td><td>»</td><td>»</td><td>»</td><td>»</td><td>»</td><td>0 40</td><td>»</td><td>»</td><td>»</td><td>»</td></tr>
<tr><td>»</td><td>»</td><td>»</td><td>»</td><td>»</td><td>»</td><td>0 10</td><td>»</td><td>»</td><td>»</td><td>»</td></tr>
<tr><td>»</td><td>»</td><td>»</td><td>»</td><td>»</td><td>»</td><td>0 03</td><td>»</td><td>»</td><td>»</td><td>»</td></tr>
</table>

NUMÉROS D'ORDRE.	INDICATION DES PIÈCES D'ARMES ET DES RÉPARATIONS.	Sabre de ca-non-nier mont. mod. 1829.	SABRES de cavalerie de ligne.		
			mod. an 11 et an 13	modèle 1816.	modèle 1822.
	CUIRASSES.	fr. c.	fr. c.	fr. c.	fr. c.
	PLASTRON (en étoffe d'acier et de fer).				
41	En fournir un nu...... { Cuirassiers....	»	»	»	»
	{ Carabiniers ...	»	»	»	»
	En fournir un complet. { Cuirassiers....	»	»	»	»
	{ Carabiniers ...	»	»	»	»
42	Fournir un écusson complet avec ses écrous (carabiniers)..................	»	»	»	»
	L'ajuster	»	»	»	»
43	Fournir un soleil d'écusson seulement...	»	»	»	»
44	Idem un coq d'écusson avec vis et écrous...........................	»	»	»	»
	Ajuster le soleil ou le coq..............	»	»	»	»
45	Fournir une vis......................	»	»	»	»
	La braser..........................	»	»	»	»
46	Fournir un écrou....................	»	»	»	»
47	Fournir un bouton de bretelle	»	»	»	»
	Le river...........................	»	»	»	»
	Nettoyer et polir { fortement rouillé....	»	»	»	»
	le plastron ... { légèrement rouillé...	»	»	»	»
	DOS (en étoffe d'acier et de fer).				
48	En fournir un nu ..... { Cuirassiers....	»	»	»	»
	{ Carabiniers ...	»	»	»	»
	En fournir un complet. { Cuirassiers....	»	»	»	»
	{ Carabiniers ...	»	»	»	»
	Réparer un dos criqué aux entournures ou sur les bords..................	»	»	»	»
49	Fournir une bretelle complète...........	»	»	»	»
	La mettre en place (comp. les clous rivés).	»	»	»	»
50	Fournir un porte-chaînette de bretelle..	»	»	»	»
	Le mettre en place (comp. les clous rivés).	»	»	»	»
51	Fournir une chaînette de bretelle......	»	»	»	»
	La mettre en place (comp. les clous rivés).	»	»	»	»
	Braser un anneau de chaînette et remonter la chaînette..................	»	»	»	»
52	Fournir une plaque à boutonnières, garnie de son bout de cuir..............	»	»	»	»

BLANCHES.

| (TROUPES A CHEVAL). | | | | | ARMES BLANCH. (TROUPES A PIED). | | | | | |
| SABRES de cavalerie légère. | | | Cuirasses modèle 1825. | Hache de campement. mod. 1816. | SABRES. | | Sabre d'artillerie à pied modèle 1816. | Épée de sous-officier du génie | Sabre d'officier d'inf. non doré. mod. 1845. | Sabre baïonnette. modèle 1842. |
mod. an 11 et an 13	modèle 1816.	modèle 1822.			d'infanterie. modèle 1816.	de troupes à pied mod. 1831.				
fr. c.	fr. c.	fr. c.	fr. c.	fr. c.	fr. c.	fr. c.	fr. c.	fr. c.	fr. c.	fr. c.
»	»	»	39 25	»	»	»	»	»	»	»
»	»	»	48 85	»	»	»	»	»	»	»
»	»	»	40 80	»	»	»	»	»	»	»
»	»	»	53 70	»	»	»	»	»	»	»
»	»	»	3 55	»	»	»	»	»	»	»
»	»	»	0 10	»	»	»	»	»	»	»
»	»	»	2 20	»	»	»	»	»	»	»
»	»	»	1 30	»	»	»	»	»	»	»
»	»	»	0 05	»	»	»	»	»	»	»
»	»	»	0 06	»	»	»	»	»	»	»
»	»	»	0 20	»	»	»	»	»	»	»
»	»	»	0 20	»	»	»	»	»	»	»
»	»	»	0 10	»	»	»	»	»	»	»
»	»	»	0 05	»	»	»	»	»	»	»
»	»	»	1 30	»	»	»	»	»	»	»
»	»	»	0 60	»	»	»	»	»	»	»
»	»	»	16 05	»	»	»	»	»	»	»
»	»	»	26 30	»	»	»	»	»	»	»
»	»	»	24 00	»	»	»	»	»	»	»
»	»	»	33 35	»	»	»	»	»	»	»
»	»	»	0 20	»	»	»	»	»	»	»
»	»	»	2 20	»	»	»	»	»	»	»
»	»	»	0 20	»	»	»	»	»	»	»
»	»	»	0 18	»	»	»	»	»	»	»
»	»	»	0 20	»	»	»	»	»	»	»
»	»	»	0 90	»	»	»	»	»	»	»
»	»	»	0 30	»	»	»	»	»	»	»
»	»	»	0 25	»	»	»	»	»	»	»
»	»	»	0 38	»	»	»	»	»	»	»

NUMÉROS D'ORDRE.	INDICATION DES PIÈCES D'ARMES ET DES RÉPARATIONS.	ARMES BLANCHES			
		Sabre de canonnier mont. mod. 1829.	SABRES de cavalerie de ligne.		
			mod. an 11 et an 13	modèle 1816.	modèle 1822.
	DOS (en étoffe d'acier et de fer) (*suite*).	fr. c.	fr. c.	fr. c.	fr. c.
	La mettre en place (comp. les clous rivés).	»	»	»	»
53	Fournir un cuir de bretelle et le mettre en place (y compris les clous rivés)...	»	»	»	»
54	Idem un cœur en cuir pour bout de bret., et le mett. en place (comp. les clous rivés).	»	»	»	»
55	Idem les courroies de ceinture (y compris la boucle)	»	»	»	»
	Les mett. en place (comp. les clous rivés).	»	»	»	»
56	Fournir une boucle neuve à rouleau....	»	»	»	»
	La mettre en place	»	»	»	»
57	Fournir une grande courroie...........	»	»	»	»
58	Idem une petite courroie avec coulant, sans boucle......................	»	»	»	»
	Nettoyer et polir { fortement rouillé	»	»	»	»
	le dos .... { légèrement rouillé ...	»	»	»	»

AGRAFES.

NUMÉROS D'ORDRE.		Sabre de canonnier mont. mod. 1829.	mod. an 11 et an 13	modèle 1816.	modèle 1822.
59	En fournir une neuve	»	»	»	»
	La mettre en place (y comp. le clou rivé).	»	»	»	»

CLOUS RIVÉS.

60	En fournir un neuf....................	»	»	»	»
	Le river.............................	»	»	»	»
61	Fournir un clou de placage (carabiniers).	»	»	»	»
	Le river.............................	»	»	»	»

ROSETTES OU CONTRE-RIVURES.

62	En fournir une neuve..................	»	»	»	»

FEUILLE DE CUIVRE.

63	En remplacer une { sur le plastron..... (carabiniers) (M) { sur le dos.........	» »	» »	» »	» »

VERNISSAGE.

64	Vernir au copal le plastron	»	»	»	»
	Vernir au copal le dos.................	»	»	»	»

Paris, le 15 avril 1830.

BLANCHES.

SABRES de cavalerie légère.			Cuirasses modèle 1825.	Hache de campement. mod. 1816.	ARMES BLANCH. (TROUPES A PIED).					
(TROUPES A CHEVAL).					SABRES.		Sabre d'artillerie à pied modèle 1816.	Épée de sous-officier du génie	Sabre d'officier d'inf. non doré. mod. 1845.	Sabre baïonnette. modèle 1842.
mod. an 11 et an 13	modèle 1816.	modèle 1822.			d'infanterie. modèle 1816.	de troupes à pied mod. 1831.				
fr. c.	fr. c.	fr. c.	fr. c.	fr. c.	fr. c.	fr. c.	fr. c.	fr. c.	fr. c.	fr. c.
»	»	»	0 20	»	»	»	»	»	»	»
»	»	»	0 85	»	»	»	»	»	»	»
»	»	»	0 20	»	»	»	»	»	»	»
»	»	»	1 30	»	»	»	»	»	»	»
»	»	»	0 30	»	»	»	»	»	»	»
»	»	»	0 50	»	»	»	»	»	»	»
»	»	»	0 05	»	»	»	»	»	»	»
»	»	»	0 40	»	»	»	»	»	»	»
»	»	»	0 40	»	»	»	»	»	»	»
»	»	»	1 30	»	»	»	»	»	»	»
»	»	»	0 60	»	»	»	»	»	»	»
»	»	»	0 05	»	»	»	»	»	»	»
»	»	»	0 10	»	»	»	»	»	»	»
»	»	»	0 05	»	»	»	»	»	»	»
»	»	»	0 05	»	»	»	»	»	»	»
»	»	»	0 03	»	»	»	»	»	»	»
»	»	»	0 05	»	»	»	»	»	»	»
»	»	»	0 01	»	»	»	»	»	»	»
»	»	»	8 75	»	»	»	»	»	»	»
»	»	»	8 62	»	»	»	»	»	»	»
»	»	»	0 03	»	»	»	»	»	»	»
»	»	»	0 03	»	»	»	»	»	»	»

Approuvé le présent Tarif :

Le Ministre de la guerre,

Signé : D'HAUTPOUl

TIRE-BALLES.........	{ aucien modèle...........................	0 24
	{ modèle 1831.............................	0 68
	pour platine de fusil d'infanterie, modèle 1822.	1 80
	pour platine de fusil de dragon, mod. 1822, et de mousqueton de gendarmerie, mod. 1825..	1 75
	pour platine de mousqueton et de pistolet de cavalerie, modèle 1822.....................	1 70
MONTE-RESSORTS.......	pour platine de pistolet de gendarm., mod. 1822.	1 70
	pour platine de fusil d'infanterie et de dragon, modèle 1842, et de carabine, modèle 1846...	1 90
	pour platine de mousqueton de gendarmerie, modèle 1842...............................	1 75
	pour platine de pistolet de gendarm., mod. 1842.	1 70
CLÉ DE CHEMINÉE.......		0 90
	Tire-balles...............................	1 31
ACCESSOIRES DE LA CA-RABINE, modèle 1846.	Broche..................................	0 23
	Lavoir..................................	1 16
	Chasse-noix..............................	0 38
	Tournevis...............................	0 95
	Tire-balles...............................	1 31
ACCESSOIRES DU MOUS-QUETON D'ARTILLERIE, modèle 1829 trans-formé à tige........	Broche..................................	0 22
	Lavoir..................................	1 00
	Chasse-noix..............................	0 36
	Tournevis...............................	0 95
TAMPON avec la ficelle...........................		0 15

Paris, le 13 avril 1850.

TARIF des prix des armes à percussion en service et de leurs accessoires.

			PRIX.	OBSERVATIONS.
			fr. c.	
Fusils	d'infanterie de ligne	modèle 1822 transformé	35 87	Avec bayonnette, sans tire-balles.
		modèle 1842	35 59	Idem.
	d'infanterie lé-gère	modèle 1822 transformé	35 65	Idem.
		modèle 1842	35 37	Idem.
	de dragon	modèle 1822 transformé	30 75	Sans bayonnette ni tire-balles.
		modèle 1842	30 54	Idem.
		modèle 1847	31 63	Idem.
Fusils d'infanterie de marine	modèle 1822 transformé		36 10	Avec bayonnette, sans tire-balles.
	modèle 1842		35 70	Idem.
Bayonnettes	modèle 1822		3 25	
	modèle 1822, modification 1847		3 77	
Mousquetons	de gendarmerie, modèle 1825 transformé		31 87	Avec bayonnette, sans tire-balles.
	de gendarmerie, modèle 1842		31 03	Idem.
	d'artillerie, modèle 1829 transformé à tige		31 28	Sans accessoires.
	de cavalerie, modèle 1822 transformé		24 20	Sans tire-balles.
Pistolets	de cavalerie, modèle 1822 transformé		19 50	Idem.
	de gendarmerie, modèle 1822 transformé		14 66	Idem.
	de gendarmerie, modèle 1842		15 17	Idem.
	de marine, modèle 1837		18 85	Idem.
Carabine, modèle 1846			39 72	Sans accessoires.
Sabre-Bayonnette, modèle 1842			14 19	
Nécessaire d'armes			1 43	

Les réparations sont au compte de la *masse individuelle* lorsque les dégradations qui les ont rendues nécessaires sont reconnues provenir de maladresse, de négligence ou de mauvais vouloir.

Les réparations qui ne sont pas généralement de nature à être imputées au compte de la masse individuelle sont marquées d'un astérisque *; elles sont habituellement à la charge de l'abonnement, et dans le cas de force majeure ou de défaut de fabrication, à la charge de l'État.

La somme totale à payer pour le remplacement d'une pièce d'arme se compose du prix de fourniture de la pièce neuve porté au Tarif, et du prix de l'ajustage.

Les prix portés pour les pièces neuves sont ceux des pièces limées (1).

Les pièces qui ne peuvent être remplacées et les réparations qui ne peuvent être faites que dans les manufactures sont indiquées par la lettre **M** (en manufacture); mais le montant de la pièce ou de la réparation n'en doit pas moins être payé par qui de droit.

Toute opération non indiquée dans le présent Tarif est formellement interdite aux maîtres armuriers.

---

(1) Les maîtres armuriers, d'après l'article 62 du réglement du 9 février 1845, doivent s'approvisionner principalement de pièces de forge, en agissant ainsi, ils ont l'avantage de bénéficier sur les prix de main-d'œuvre.

TITRE II. — MAGASINS GÉNÉRAUX D'HABILLEMENT ET DU CAMPEMENT.

Notions préliminaires.

Les magasins généraux de l'habillement et du campement reçoivent dans l'intérieur la matière et les effets qui proviennent des achats directs de la haute administration.

Les matières et les effets tenus en réserve dans les magasins généraux sont successivement mis à la disposition des corps lorsque le besoin s'en fait sentir.

Des approvisionnements d'effets d'habillement, de campement et de linge et chaussures, sont formés à proximité de l'armée. afin de satisfaire plus promptement et plus sûrement aux besoins des troupes.

Ces approvisionnements sont formés par ordre du Ministre de la guerre sur les points qu'il indique et dans les proportions qu'il détermine.

CHAPITRE Ier. — DES DISTRIBUTIONS AUX CORPS.

Article 35 du règlement. Aucune livraison de marchandises ou effets d'habillement, d'équipement, de campement et de harnachement, ne peut être faite qu'en vertu d'un ordre du Ministre, d'un intendant d'armée, d'un intendant divisionnaire ou d'un sous-intendant.

36. Les distributions aux corps ou détachements de corps en résidence ou passant dans des villes où se trouvent établis des magasins militaires doivent être faites sur des états de demande dressés par le conseil d'administration ou par les commandants de détachements. Ces états doivent indiquer le motif de la demande et l'effectif des hommes auxquels les effets sont destinés, et ils doivent être certifiés par le sous-intendant militaire.

Les marchandises ou effets ne seront délivrés qu'autant que les états de demande sont revêtus du sceau du sous-intendant militaire.

Ces états doivent indiquer, en toutes lettres, la nature, le nombre et la classe des effets, s'ils sont accordés en gratification, ou si l'imputation en devra être faite au corps. Dans le cas où ces indications ne seraient pas suffisamment exprimées dans l'état de demande, les intendants ou sous-intendants devront y suppléer dans la rédaction de leur autorisation. Les distributions sur pièces qui n'indiqueraient pas si les effets doivent être donnés en gratification, seront censés devoir être à la charge du corps.

38. Les pièces indiquées ci-dessus ne sont admises en dépense qu'autant que le comptable produira à l'appui deux récépissés du conseil d'administration ou du commandant du détachement, ou enfin de toute autre autorité.

On aura toujours soin d'indiquer sur ces récépissés le prix conformément au tarif, et, autant que faire se pourra, l'origine des effets.

39. Les états de demande ou bons de fournitures, ainsi que les récépissés doivent être distincts pour chaque corps et porter en tête et en toutes lettres le numéro du régiment; afin d'éviter les erreurs que pourraient occasionner des chiffres mal formés ;

Lorsque, pour un détachement d'hommes composé d'hommes de différents corps, des circonstances impérieuses, dont l'intendant ou le sous-intendant est juge, ne permettent pas de faire un état de demande et un récépissé pour chaque corps, la délivrance des effets peut s'effectuer sur un état collectif et sur un seul récépissé; mais l'état devra indiquer les corps primitifs, le nombre des hommes appartenant à chaque corps; et, en ordonnançant ledit état, l'intendant ou le sous-intendant doit y mentionner les motifs qui ont empêché de dresser un état particulier pour chaque corps. Le signataire du récépissé indique son grade et le régiment auquel il appartient.

40. Un soldat ne peut être chargé par le conseil d'administration d'un corps ou par le commandant d'un détachement de recevoir des marchandises ou effets, quels qu'ils soient, pour lesdits corps et détachements.

41. Lorsqu'un officier ou un sous-officier est chargé par le conseil d'administration d'un corps ou par le commandant d'un détachement de recevoir des marchandises ou effets, quels qu'ils soient, il doit justifier à l'intendant ou au sous-intendant des pouvoirs qui lui ont été donnés; et, soit que l'autorisation se trouve renfermée dans le corps de la demande, soit qu'elle ait été donnée séparément, elle doit toujours rester annexée à l'ordre de distribution.

44. Les distributions de marchandises ou d'effets confectionnés se font conformément aux prescriptions de l'article 35.

CHAPITRE II. — DES EXPÉDITIONS D'EFFETS AUX CORPS.

47. Aucune expédition de marchandises ou effets d'habillement, d'équipement et de harnachement, ne peut être faite aux corps dans l'intérieur, qu'autant qu'elle a été ordonnée conformément aux prescriptions de l'article 35.

48. Les expéditions aux corps doivent être constatées par procès-verbaux énonciatifs du nombre de balles, caisses ou tonneaux ; du numéro d'ordre et du poids de chacun d'eux, et en-

fin des natures, quantités, qualités et origine des effets expédiés, ainsi que leurs prix.

49. Il doit être adressé, avec la lettre d'avis, au conseil d'administration, copie du procès-verbal d'expédition, pour lui faciliter la vérification des objets expédiés et deux factures contenant les mêmes détails.

Ces deux factures doivent être renvoyées à l'expéditeur, re-
vêtues chacune, du récépissé du conseil d'administration après
visa, pour légalisation des signatures, par le sous-intendant
militaire.

CHAPITRE III. — DE LA DISTRIBUTION DES EFFETS DE CAMPEMENT.

60. Les principaux effets, ustensiles et outils de campement
sont délivrés dans les proportions et d'après les règles ci-après,
savoir :

Par tente de 16 ou 15 hommes.
- Huit couvertures à deux hommes ou seize à un homme.
- Une marmite et son couvercle.
- Deux gamelles.
- Un grand bidon.
- Huit outils garnis de leur étui, savoir : 2 pelles, 2 pioches, 2 haches et 2 serpes.

Par homme, il est fourni un petit bidon garni de sa banderolle pour chaque sous-officier et soldat.

Pour chaque, il est fourni par supplément une marmite, trois
grands bidons.

Pour la cavalerie :

Par tente de 8 hommes.
- Une marmite et son couvercle.
- Une gamelle.
- Un grand bidon.
- Un baril garni de sa banderolle.
- Quatre outils garnis de leurs étuis, savoir : Une pelle, une pioche, une hache et une serpe.

Par escadron, on délivre également trois grands bidons.

Les cavaliers ayant leurs manteaux, il ne leur est point délivré de couverture ; mais il en doit être fourni aux hommes à
pied dans la même proportion que pour l'infanterie.

62. Lorsqu'un corps doit camper ou barraquer, le conseil d'administration fait connaître à l'intendant les ordres qu'il a reçus et lui adresse l'état de son effectif, arrêté par le sous-intendant militaire ayant la police administrative du corps.

Au pied de cet état, l'intendant autorise la distribution des
effets.

Cette distribution est constatée par un procès-verbal qui fait mention de l'ordre de distribution et indique la nature, le nombre et la qualité des objets distribués.

Si le corps se trouve sur les lieux, le conseil d'administration signe le procès-verbal ; dans le cas contraire, il est signé par l'officier ou le sous-officier qu'il a délégué.

Celui-ci est tenu de justifier de ses pouvoirs, et mention de cette justification est faite au procès-verbal.

Peuvent néanmoins, les effets de campement, dans les cas d'urgence, être délivrés sur de simples états de demande, aux troupes en marche ou prêtes à s'y mettre, ainsi qu'aux détachements destinés à servir d'escorte.

Les distributions ainsi faites sont assujetties aux formalités prescrites par l'article 39 pour les effets d'habillement.

63. Il doit être remis aux conseils d'administration des corps et aux commandants de détachements ou escortes, expédition ou copie soit des procès-verbaux, soit des états de distribution mentionnés en l'article précédent.

CHAPITRE IV. — DE LA RÉINTÉGRATION EN MAGASIN DES EFFETS DE CAMPEMENT.

20. Lorsque les troupes ne sont plus dans le cas de faire usage des effets et ustensiles de campement, elles doivent en faire la réintégration dans les magasins de l'État.

21. Le sous-intendant chargé de dresser le procès-verbal de réception se fera représenter, par le conseil d'administration du régiment ou par l'officier ou sous-officier muni de ses pouvoirs, le procès-verbal ou l'état qui lui a été remis lors de la livraison, afin de constater si les natures et quantités d'effets rendus sont les mêmes que celles des effets délivrés, leur situation au moment de la réintégration et s'il en manque, attendu que, dans ce dernier cas, le corps sera tenu de les payer au prix fixé par le tarif.

A l'égard des effets détériorés, il doit être nommé contradictoirement des experts pour leur classement. Il doit être déclaré si la moins-value de ces effets provient de force majeure telle qu'un ouragan, ou du long usage qu'on en a fait, ou enfin de la négligence du corps.

Ce procès-verbal doit indiquer en outre :

1° La nature et le nombre des effets manquants ;

2° Le prix de ces effets d'après le tarif ;

3° Le montant de la moins-value à la charge du corps de ceux qui ont été réintégrés ;

4° Le total des sommes à payer par le corps ;

5° Enfin, les motifs qui ont déterminé le sous-intendant militaire à charger ou décharger le corps de tout ou seulement d'une partie de la moins-value.

Une expédition du procès-verbal doit être remise au conseil d'administration ou à son fondé de pouvoirs.

Si, parmi les effets présentés par le corps pour être réintégrés au magasin, ils s'en trouvaient qui ne fussent pas de même dimension que celles énoncées sur le procès-verbal ou l'état de remise, ils seront refusés et resteront à la charge du corps.

La présentation de ces effets et le refus qu'on aura fait de les recevoir seront mentionnés au procès-verbal.

L'état des sommes à rembourser par les corps sera envoyé au Ministre qui donnera des ordres pour en faire exercer la retenue s'il y a lieu.

TARIF

DES EFFETS, DES USTENSILES ET DES OUTILS
DE CAMPEMENT

*Pour servir aux imputations auxquelles donnent lieu les pertes
d'objets de cette nature.*

DÉSIGNATION DES EFFETS.	PRIX DES EFFETS			
	Neufs.	Bons.	A ré-parer.	Hors de service
ARTICLE 1er. — *Tentes et objets accessoires.*	fr. c.	fr. c.	fr. c.	fr. c.
Tentes sans montant, ni traverse, ni table, ni tablette. — Nouveau modèle. Françaises. de conseil { Avec rideaux.	454 00	340 00	300 00	45 40
Sans rideaux.	336 00	252 00	224 00	33 60
d'officier (à raies bleues).	194 00	146 00	128 00	19 40
de troupe (en tissu uni)	162 00	122 00	108 00	16 20
Arabes.	278 00	209 00	185 00	27 80
Ancien modèle. { En coutil ou en treillis.	120 00	90 00	80 00	12 00
En toile.	100 00	75 00	66 00	10 00
Bois et accessoires de tentes. — Nouveau modèle. Françaises. de conseil { Montants, chaque.	7 00	4 75	4 00	0 70
Traverses, chaque.	2 74	2 20	1 95	0 30
Fers de lance en cuivre bruni, chaq.	5 00	3 75	2 35	0 50
Cales, chaq	0 06	0 05	0 04	»
d'officier et de troupe { Montᵗ chaq	2 60	1 95	1 75	0 26
Traverses.	2 50	1 90	1 70	0 25
Goujons, chaque.	1 20	0 90	0 80	0 12
Cales, chaq	0 06	0 05	0 04	»
Arabes, montants	14 00	10 50	9 35	1 40
Ancien modèle. d'officier et de troupe. { Montants, chaque.	3 00	2 25	2 00	0 30
Traverse.	2 00	1 50	1 35	0 20
Table de tente de Conseil.	25 50	19 00	17 00	2 55
Tablette id.	4 50	3 35	3 00	0 45
Tablette de tente d'officier et de troupe.	3 76	2 85	2 55	0 38

DÉSIGNATION DES EFFETS.	PRIX DES EFFETS			
	Neufs.	Bons.	A réparer.	Hors de service
	fr. c.	fr. c.	fr. c.	fr. c.
Bois et accessoires de tentes — Tasseaux de tente d'officier et de troupe, chaque . . .	0 12	0 09	0 05	0 01
Porte-Manteaux, chaque . .	0 06	0 05	0 04	»
Maillet	0 60	0 45	0 40	0 06
Piquets de tentes { grand . . .	0 20	0 15	0 10	0 02
{ petit . . .	0 16	0 12	0 10	0 01
Cordeau d'alignement	8 00	6 00	5 00	0 80
Piquet de cavelerie ferré	3 00	2 25	2 00	0 30
Corde à piquet	20 00	15 00	13 00	2 00
Pliant en X	6 00	4 50	4 00	0 60

ARTICLE 2. — *Manteaux et faisceaux d'armes.*

Manteaux d'armes, sans bois { décompagnie	52 00	39 00	34 65	5 20
{ de piquet . .	67 00	50 25	44 65	6 70
Faisceaux d'armes ou bois de manteaux d'armes { décompagnie	6 00	4 50	4 00	0 60
{ de piquet . .	10 00	7 50	6 65	1 00
Bâtonnets pour faisceaux d'armes, chaque	0 40	0 30	0 25	0 04
Fanion d'alignement.	2 00	1 50	1 34	0 20
Jalon *id.*	1 00	0 75	0 65	0 10

ARTICLE 3. — *Effets de couchage.*

Couvertures de laine. . { à deux places	24 00	18 00	16 00	2 40
{ à une place .	15 00	11 25	10 00	1 50
{ Alpagas. . .	12 00	9 00	8 00	1 20
Paillasse . . . . { à deux places	7 00	5 25	4 65	0 70
{ à une place .	5 00	3 75	3 32	0 50
Sacs de campement	4 00	3 00	2 65	0 40
Sacs à paille	1 00	0 75	0 65	0 10

ARTICLE 4. — *Ustensiles et outils.*

Marmites. . . { en fer battu. { à 16 hommes	8 00	6 00	5 32	0 80
{ à 8 hommes	5 00	3 75	3 32	0 50
{ en fer blanc. { à 16 hommes	6 00	4 50	4 00	0 60
{ à 8 hommes	4 00	3 00	2 65	0 40

DÉSIGNATION DES EFFETS.	PRIX DES EFFETS			
	Neufs.	Bons.	A réparer.	Hors de service
	fr. c.	fr. .	fr. c.	fr. c.
Sacs à marmites . . . { à 16 hommes	2 00	1 50	1 34	0 20
{ à 8 hommes	1 00	0 75	0 65	0 10
Gamelles . . . { en fer blanc.	2 00	1 60	1 34	0 20
{ en fer battu.	3 00	2 25	2 00	0 30
Bidons . . . . { Grand { en fer blanc .	3 00	2 25	2 00	0 30
{ en fer battu .	4 00	3 00	2 65	0 40
{ petit, en fer blanc . .	0 60	0 45	0 40	0 06
Tonnelet en bois	1 00	0 75	0 65	0 10
Banderole ou cordon de petit bidon et de tonnelet	0 25	0 20	0 15	0 02
Fourneau de campagne avec grille. . .	7 00	5 25	4 65	0 70
Outils emmanchés . { Pelle	5 00	3 75	3 32	0 50
Pioche	5 00	3 75	3 32	0 50
Hache	5 00	3 75	3 32	0 50
Serpe.	2 00	1 50	1 34	0 20
Faux garnie de ses accessoires.	10 00	7 50	6 65	1 00
Faucille	1 00	0 75	0 65	0 10
Etuis . . . . { de pelle.	3 00	2 25	2 00	0 30
de pioche.	2 00	1 50	1 34	0 20
de hache	2 00	1 50	1 34	0 20
de serpe	1 50	1 12	1 00	0 15
de faux	2 00	1 50	1 34	0 20
de faucille.	0 50	0 38	0 34	0 05
Faux détaillées . . . { Lame.	3 00	2 25	2 00	0 30
Manche.	2 00	1 50	1 42	0 20
Poignée.	0 40	0 30	0 25	0 04
Pierre	0 30	0 22	0 20	0 03
Coin	0 20	0 15	0 10	0 02
Marteau	2 00	1 50	1 34	0 20
Enclumette.	1 50	1 12	1 00	0 15
Anneau.	0 10	0 08	0 05	»
Coffrin	0 50	0 38	0 34	0 05
Manches . . { de pelle.	0 50	0 38	0 34	0 05
de pioche.	0 40	0 30	0 25	0 04
de hache	0 40	0 30	0 25	0 04
de serpe	0 40	0 30	0 25	0 04

Paris, le 9 novembre 1841.

APPROUVÉ :
Le Président du conseil, Ministre Secrétaire d'Etat de la guerre.
Signé Maréchal DUC DE DALMATIE.

TABLE ALPHABÉTIQUE

Des Matières contenues dans les deux volumes

DU MANUEL D'ADMINISTRATION MILITAIRE.

FIN DE LA TABLE ET DU MANUEL D'ADMINISTRATION MILITAIRE.

TARIF GÉNÉRAL de la SOLDE, des INDEMNITÉS et GRATIFICATIONS allouées à MM. les *Maréchaux de France*, *Officiers généraux*, *Intendants* et *Sous-Intendants militaires* aussi qu'aux *Officiers* et *Sous-Officiers du Corps Impérial d'État-Major*; de l'*État-Major des Places*, de l'*Artillerie*, du *Génie*; des *Officiers de santé*, d'*Administration*, des *Hôpitaux*, des *Subsistances*, de l'*Habillement* et du *Campement*.

Désignation des Corps et Grades	Solde de présence						Solde d'absence par jour				Solde de Disponibilité			Indemnité			Solde non Activité						Solde en Congé illimité			Indemnité de logement et d'ameublement						Nombre de Rations de Fourrage, de Chauffage etc.					
	Sur le pied de paix (par An / par Mois / par Jour)			Sur le pied de Guerre (par An / par Mois / par Jour)																			(par An / par Mois / par Jour)			de logement		de d'ameublement			Fourrages					
État-Major général du Corps Impérial d'État-Major																																					
Maréchal de France, Commandant en Chef d'une Armée ou d'un Corps d'Armée, Maréchal de Province, Général de ... (Direction)	40,000	[illegible]																													24	15		10	24	24
Général de Division	[illegible]																														16	10		6	17	16
Général de Brigade	[illegible]																																			
Colonel	[illegible]																																			
Lieutenant-Colonel	[illegible]																																			
Chef d'Escadron	[illegible]																																			
Capitaine 1re classe	[illegible]																																			
Capitaine 2e classe	[illegible]																																			
Lieutenant	[illegible]																																			
Sous-Lieutenant	[illegible]																																			
Intendance Militaire																																					
Intendant Général (Intendant en Chef)	[illegible]																																			
Intendant Militaire	[illegible]																																			
Sous-Intendant Militaire 1re classe	[illegible]																																			
Sous-Intendant Militaire 2e classe	[illegible]																																			
Adjoint 1re classe	[illegible]																																			
Adjoint 2e classe	[illegible]																																			
État-Major des Places																																					
(sous-grades; valeurs illisibles)	[illegible]																																			
État-Major de l'Artillerie																																					
(sous-grades; valeurs illisibles)	[illegible]																																			
État-Major du Génie																																					
(sous-grades; valeurs illisibles)	[illegible]																																			
Médecins et Pharmaciens																																					
(sous-grades; valeurs illisibles)	[illegible]																																			
Officiers d'Administration des Hôpitaux, de l'Habillement et du Campement																																					
(sous-grades; valeurs illisibles)	[illegible]																																			
Conseil de l'Intendance Mil.																																					
(sous-grades; valeurs illisibles)	[illegible]																																			

ARMEMENT DES DIVERS CORPS DE L'ARMÉE.

DÉSIGNATION DES CORPS ET DES GRADES.	FUSIL d'infanterie	FUSIL de voltigeur	FUSIL de dragons	FUSIL de rempart, modèle 1842	CARABINE	MOUSQUETON de gendarmerie	MOUSQUETON de cavalerie ou d'artillerie	PISTOLET	SABRE d'infanterie ou troupe à pied	SABRE baïonnette	SABRE d'artillerie ou troupe à pied	SABRE de cavalerie de ligne	SABRE de cavalerie légère	SABRE de canonnier monté	LANCE	HACHE DE CAMPEMENT
Infanterie de ligne. Sous-officiers et caporaux des compagnies, grenadiers et voltigeurs.	1								1							
Soldats des compagnies du centre.	1															
Petit état-major et tambours.									1							
Clairons et sapeurs.						1			1							
Infanterie légère. — Le fusil d'infanterie remplacé par celui de voltigeur																
Bataillon de chasseurs d'Orléans. Sous-officiers, caporaux et soldats de carabiniers.					1					1						
des compagnies de chasseurs.					1					1						
Carabiniers et cuirassiers. Adjudants, sous-officiers des escadrons, brigadiers et cavaliers montés, 1 cuirasse.								(A)1				1				(B)1
Hommes non montés.								1				1				
Dragons. — Brigadiers et cavaliers.			1					1				1				(B)1
Maréchaux des logis.								1				1				
Lanciers. Brigadiers et cavaliers.							1						1		1	
Maréchaux des logis et brigadiers-trompettes, maréchaux des logis chefs, maréchaux ferrants, trompettes.								1					1		1	
Chasseurs. Hussards. Brigadiers et cavaliers.							1	1					1			(B)1

Dans les corps de cavalerie (sauf les exceptions indiquées), les adjudants ont 2 pistolets et 1 sabre; les sous-officiers, les fourriers, le petit état-major, les maréchaux ferrants et trompettes n'ont que 1 sabre et 1 pistolet. Outre leur armement ci-dessus, les brigadiers et les cavaliers de 1re classe ont 1 hache de campement.

DÉSIGNATION DES CORPS ET DES GRADES.	FUSIL d'infanterie	FUSIL de voltigeur	FUSIL de dragons	FUSIL de rempart, modèle 1842	CARABINE	MOUSQUETON de gendarmerie	MOUSQUETON de cavalerie ou d'artillerie	PISTOLET	SABRE d'infanterie ou troupe à pied	SABRE baïonnette	SABRE d'artillerie ou troupe à pied	SABRE de cavalerie de ligne	SABRE de cavalerie légère	SABRE de canonnier monté	LANCE	HACHE DE CAMPEMENT
Artillerie. Régiments. Petit état-major, adjudants de batterie, sous-officiers, brigadiers, maréchaux-ferrants, trompettes.								1					1			
Artificiers et canonniers servants — Batterie à cheval.								1					1			
Batterie à pied.							1				1					
Ouvriers des batteries à pied.							1				1					
Ouvriers des batteries à cheval, et canonniers conducteurs.													1			
Régiment de pontonniers. Petit état-major.													1			
Sous-officiers.							1						1			
Caporaux, ouvriers, pontonniers, clairons.							1				1					
Compagnies d'ouvriers, comme les compagnies de pontonniers.																
Escadrons du train. Petit état-major, sous-officiers, brigadiers, maréchaux ferrants et trompettes.													1			
Ouvriers et soldats.													1			
Les adjudants et les sous-officiers ont l'épée de sous-officiers.																
Génie. Les compagnies des régiments.	1										1					
Les compagnies d'ouvriers.	1										1					
La compagnie de sapeurs conducteurs, comme le train d'artillerie.																
Équipages militaires. Train. Adjudants, vétérinaires, sous-officiers, trompettes.								1					1			
Brigadiers.							1	1					1			
Ouvriers et soldats.							1				1					
Compagnies d'ouvriers.	1										1					
Bataillon d'ouvriers d'administration, comme l'infanterie légère.																
Compagnies de vétérans. de sous-officiers, comme les compagnies de grenadiers.																
de fusiliers, comme l'infanterie de ligne.																
de canonniers. Sous-officiers, caporaux et soldats.	1										1					
Tambours.											1					
de génie. Sous-officiers, caporaux et soldats.	1										1					
Tambours.											1					
de gendarmerie. Sous-officiers, caporaux et soldats.							1		1							
Tambours.									1							
Compagnies de discipline. Fusiliers, comme l'infanterie de ligne.																
Pionniers, sous-officiers, caporaux et tambours.									1							
Gendarmerie. Brigades à cheval. Maréchaux des logis.								2					1			
Brigadiers et gendarmes.							1	2								
Brigades à pied. — Sous-officiers, brigadiers et gendarmes (le pistolet est celui de gendarmerie).							1	1	1							
Voltigeurs Corses (fusil double).	1								1							
Garde municipale de Paris. à cheval, comme la gendarmerie à cheval (1 seul pistolet).																
à pied, fusil de voltigeur, sabre d'infanterie, modèle 1816.																
Troupes de l'Afrique. Chasseurs d'Afrique et spahis comme les dragons																
Zouaves et bataillons d'infanterie indigène, comme l'infanterie légère.																
Les batteries d'artillerie à pied non montées ont le mousqueton de gendarmerie modifié.																

(A) Les adjudants ont 2 pistolets. — (B) Seulement les brigadiers et les cavaliers de 1re classe.

www.ingramcontent.com/pod-product-compliance
Lightning Source LLC
LaVergne TN
LVHW011951180726
843502LV00005B/1395